der Wille zur Macht a

尼采：作为艺术的强力意志

The Will
to Power
as Art

[德] 弗里德里希·威廉·尼采——著

郭硕博——译

重庆大学出版社

目　录

序

高宣扬

年轻的艺术评论家兼美学家硕博，生性奇特，情感丰富，善于把哲学的反思与艺术的想象结合成创作的力量，为她的广阔创作天地提供了难以预测的潜在动力。她的译作《尼采：作为艺术的强力意志》一书的出版，正是这位才女的癫狂式智慧的初次绽露。

在尼采看来，艺术创造是源自生命自身的内在爆发性力量的体现，是反理性、反抽象的节日般狂欢，是违背基督教教规的叛逆活动，也是自身生命中的欲望和情感的自然流露。因此，艺术创造不需要任何伪装和装饰，而是赤裸裸的超人精神，在纯粹形式中的表演。也正因为这样，艺术创造总是在醉醺醺的疯狂中进行，它无须任何规则，无须环顾周围他人对自己的态度，更无须理会他人的各种指手画脚，只需要一种奋不顾身的勇气，同时需要蔑视一切的梦幻般的想象活动。这就是说，一旦把握具有爆发力的创作瞬间，就尽情地由着自己的性子，把创作的欲望和情感即刻地喷发出来，显示出艺术本身试图征服一切的权力意志的威力。

尼采说过，创作是对作品中的美的陶醉性生产；创作的状态就是一种爆炸性的状态（《权力意志》，第 811 条）。尼采说，"艺术家不应该如其所是地观看什么，而应当使观看变得更丰富、更质朴、更强烈。为此，艺术家的生命就必须具有一种青春的活力和浪漫的春天，一种习以为常的陶醉"（《权力意志》，第 800 条）。

所以，尼采认为，"艺术家之所以是艺术家，是因为艺术家把一切非艺术家所谓的'形式'当作内容来感受，即当作'实事本身'来感受。当然，这样一来，人们就归属于一个颠倒的世界，并由此径直把内容，包括我们的生命在内，当作某个形式上的东西"（《权力意志》，第 818 条）。

是的，对尼采来说，陶醉就意味着形式的彻底胜利，让形式彻底脱离实际的内容，在对自身主体性的超越中，实现自身的彻底解放。正是在这个意义上，艺术创造始终都是向自身主体性的挑战。

我相信，当硕博选定尼采作为她的译作对象时，她已经下定决心要向自己的主体性挑战。尼采就是这样，他从来不稀罕传统形而上学和传统认识论所追求的"主体性"，而是在我行我素的创作中，不断超越自身原有的主体性，让自己亲身经历和品尝生成的喜悦与苦难。也许只有艺术，才能够真正满足喜悦与苦难的悖论，并使生命实现艺术化的过程。

实际上，尼采不喜欢把哲学当成纯粹的思维，而是宁愿把它当成一种带有情感性的生成活动。或者，更确切地说，当成一种产生创造性思想的生命运动。确实，尼采不是一位只考虑抽象概念和脱离生活的思想家，而是一位真正的生命哲学家。什么是生命？在尼采看来，生命，唯其是不抽象，乃是一种富有情感的活生生的艺术创造活动！尼采认为，哲学中的抽象思维不应该成为害人的精神苦难，而是"过一种好日子，像过节那样，是一种陶醉"（《尼采全集》1888 年德文版，第 14 卷，第 24 页）。后来，在尼采的《权力意志》中，尼采更明确地说，"节日包含自豪、忘情、放纵，是对各种各样的严肃和鄙俗的嘲弄；动物般的充沛和完美让人们产生对自身的神性的肯定，而这一切，耶稣基督是不可能老老实实地表示肯定，也就是说，节日乃是地道的异教"（《权力意志》，第 916 条）。

我希望，这本书的内容不愧于硕博本人的翻译初衷，也同样兼顾了那些与她赋有同样情感的人们的意愿。如此，我这篇短短的序言也就不是白写了。

2016 年 11 月 15 日

译者序

郭硕博

德勒兹说："依尼采看来，我们迄今尚未领悟艺术家的生命意味着什么。这种生命的活动不仅激起艺术作品本身所包含的肯定，而且激发出艺术家本人的强力意志。"（《尼采与哲学》）为了理解尼采的艺术形而上学，我们就必须理解艺术、生命、强力意志这些概念所构成的整体。

此书译自尼采去世后出版的《强力意志》第三册中"艺术作为强力意志"的部分，对这部分内容的阅读，一直是理解尼采艺术哲学的核心所不可绕开的环节。毋庸置疑，尼采自身的独特思想所迸发出的针对传统的破坏力，以及在时代的废墟之上试图寻找新的支点的卓绝努力，都为后世提供了源源不断的灵感。尼采的影响在哲学之内和之外都是深远的，作为现代哲学的三大导师之一（另外两位是马克思和弗洛伊德），他的影响对整个现代以及后现代哲学都产生了难以估量的后果。此外，作为一位杰出的文体大师，在尼采的文本中体现出的独特的德语写作风格，无处不显示出其在隐喻、讽刺和格言上的天才。他深邃的思想、华丽的文风以及对于传统价值的激进态度，从 19 世纪末开始，就一直激发着全世界范围的解读和批判，至今余威未减。

尼采是从叔本华的生存意志出发的，但他很快就摆脱了叔本华的悲观消极倾向，从中成长为一种英雄式的具有超越性的反叛哲学。尼采对德意志古典唯心哲学将道德奠基于其上的自律原则——自由意志的绝对律令，给予了强有力的否定，"上帝已死""强力意志"以及"超人"（Übermensch）的学说便在德国古典哲学被摧毁后的空缺中应运而生了。之后，尼采逐步展开了一系列对西方传统价值的猛烈批判，他认为那些标榜真善美的旧价值对于生命的价值与力量成长起到的是一种抑制和束缚的作用——不仅哲学和科学如此，伦理学和宗教也如此，因此一切价值都必须被放置在一个全新的框架下面进行重估。

与古希腊时期的赫拉克利特的思想遥相呼应，尼采的世界观建立在一种盲目、无意义的变化与混乱的永恒复归的基础之上，这是他的虚无主义以及存在主义的基础之一。与消极虚无主义的逃避姿态不同，尼采认为当面对这种永恒轮回的时候，人应当以其强大的意志做出肯定的回答。而"超人"正是人类在伟大的正午时刻，能够并且必须自我创造的人格代表，亦是最高价值和英雄道德的承载者，他是肯定生命的艺术家的典范——古希腊式的伟大、光荣、强力。尼采的强力一词，Macht / Power，意味着力量、生长、权力，也是创造力。"强力意志"（der Wille zur Macht），即意志的增强、扩张、超越和创造。甚至，它适用于一切的生命存在者，对自身之力量的扩张意愿处于首要位置，而生存斗争和适应性则是物种进化的次要驱动力。"生命本身即是成长、延续、累积力量以及追求力量的本能：在缺乏强力意志的地方，就是没落。"（《反基督·上帝之死》）

在揭穿西方文化堕落的真相之后，尼采提出"重估一切价值"，他所用的标尺便是艺术，"只有作为一种审美现象，人生和世界才显得是有充足理由的"（《悲剧的诞生》）。因为在尼采眼中，只有艺术才是对抗一切消极的积极运动。只有真正的艺术家、伟大风格的给予者，才能够以自身意志为尺度，从而赋予生命以肯定的意义。"艺术家不应当如其所是地看待事物，而是应当更加充实、更加简单、更加强壮。为此目的，他们的生命必须包含一种青春和春季，一种惯常的醉意。"（《强力意志》）

在此，还必须简要介绍一下关于《强力意志》这个文本所涉及的一些问题。尼采本人于 1888 年在都灵患疾，在其后的两年中均由其妹妹伊丽莎白（Elisabeth Förster-Nietzsche）照顾。在尼采去世之后，伊丽莎白将其手稿进行了整理和编辑，出版了《强力意志》一书。但是，出版后的这本著作从行文风格到内容都出现了一些不可靠的因素，一些特殊的措辞通常都被视为伪尼采式的。书中还有一些带有明显纳粹和种族主义思想的内容，也可能是被刻意篡改过后的结果。因此，学界对此文本的正当性持有一定疑虑。然而除却这部分，无论如何，《强力意志》这部著作的主体还是由尼采本人所撰写，其中关于强力意志以及艺术的批判性的论述仍具有相当的可靠性，尽管对相关的内容保持警惕仍是必要的。

在中国，尼采也向来被视为有影响力的思想来源之一，而《强力意志》一书更是广为流传。其中，有关艺术的论述被中国当代有志于艺术和文学的人们视若珍宝。因此，为了使那些希望深入了解尼采的艺术哲学的读者对这个文本有更为精准、与时俱进的把握，便有必要在当代的语境之中，以审慎的心态对《强力意志》的这部分文本进行一次重新翻译。在此，我要感谢丘新巧、郑朗和曾筱姗等友人对此译本的帮助，尤其感谢导师彭富春和高宣扬先生，是他们培养起我对尼采以及整个哲学世界的兴趣。谢谢大家对这样一位生性奇特的疯癫舞者的肯定与支持。

尽管已经有前辈学人的译本，然而每个人眼中的尼采会有所差异，而这个译本也许会提供一个不太一样的尼采，这种视角的多样性对于更全面地理解尼采未必不是一件幸事。因而，此译本尽力遵循思想家自身的语言逻辑，以德文原本为参照，辅以英语译文作为注释参考，力求在中文的语境中还原尼采论艺术的要旨。德文版本中的关键词 Macht 在此译为强力，Gewalt 是强力、力量、能力，而 Kraft 则译为力量。另外，此译本还配有原文文本方便读者进行对照阅读，原文中涉及的艺术作品也会以插图的形式呈现出来，相信通过这样一个文本，读者可以由此获得一种更加全面、深刻、生动的理解。

四川美术学院

2016.11.11

作为艺术的强力意志

794—853

794.

Unsre Religion, Moral und Philosophie sind décadence-Formen des Menschen.

– Die Gegenbewegung: die Kunst.

794
[March–June 1888]

Our religion, morality, and philosophy are decadence forms of man.

The countermovement: art.

794
[1888 年 3 月至 6 月]

我们的宗教、道德和哲学乃是人的颓废形式。

反抗的运动：艺术。

795.

Der Künstler–Philosoph. Höherer Begriff der Kunst. Ob der Mensch sich so ferne stellen kann von den andern Menschen, um an ihnen zu gestalten? (—Vorübungen: 1. der sich selbst Gestaltende, der Einsiedler; 2. der bisherige Künstler, als der kleine Vollender, an einem Stoffe.)

795
[1885–1886]

The artist-philosopher. Higher concept of art. Whether a man can place himself so far distant from other men that he can form them? (—Preliminary exercises: (1) he who forms himself, the hermit; (2) the artist hitherto, as a perfecter on a small scale, working on material.)

795
[1885 年至 1886 年]

艺术家—哲学家。艺术的更高观念，一个人是否能够置身于如此远离他人的地方以便去塑造他们？（初步的练习：（1）塑造自身的人，隐居者；（2）迄今为止的艺术家，作为塑造材料的小有所成者。）

796.

Das Kunstwerk, wo es ohne Künstler erscheint, z.B. als Leib, als Organisation (preußisches Officiercorps, Jesuitenorden). Inwiefern der Künstler nur eine Vorstufe ist.

Die Welt als ein sich selbst gebärendes Kunstwerk—

796
[1885–1886]

The work of art where it appears without an artist, e.g., as body, as organization (Prussian officer corps, Jesuit order). To what extent the artist is only a preliminary stage.

The world as a work of art that gives birth to itself—

796
[1885 年至 1886 年]

无需艺术家的艺术作品，譬如身体，譬如组织（普鲁士军官团、耶稣教团）。在什么程度上，艺术家仅为一种初级阶段？

世界作为自我繁殖的艺术作品……

797.

Das Phänomen »Künstler« ist noch am leichtesten durchsichtig: –
von da aus hinzublicken auf die Grundinstinkte der Macht, der Natur
u.s.w.! Auch der Religion und Moral!

»Das Spiel«, das Unnützliche – als Ideal des mit Kraft Überhäuften,
als »kindlich«. Die »Kindlichkeit« Gottes, παῖς παίζων.

797
[1885–1886]

The phenomenon "artist" is still the most transparent:–to see
through it to the basic instincts of power, nature, etc.! Also those of
religion and morality!

"Play," the useless–as the ideal of him who is overfull of strength,
as "childlike". The "childlikeness" of God, *pais paizon*. [1]

1.原文为希腊语，意为 a child playing，游戏着的儿童。——译者注

797
[1885 年至 1886 年]

"艺术家"这种现象仍是最易一眼望穿
的：——透过它看见强力、自然以及其他的根
本本能，包括宗教与道德的根本本能！

"游戏"，无用之物——作为精力过旺者
的理想，是"孩童般的"。上帝的"孩子气"，
游戏着的儿童。

798.

Apollinisch—dionysisch.—Es giebt zwei Zustände, in denen die Kunst selbst wie eine Naturgewalt im Menschen auftritt, über ihn verfügend, ob er will oder nicht: einmal als Zwang zur Vision, andrerseits als Zwang zum Orgiasmus. Beide Zustände sind auch im normalen Leben vorgespielt, nur schwächer: im Traum und im Rausch.

Aber derselbe Gegensatz besteht noch zwischen Traum und Rausch: beide entfesseln in uns künstlerische Gewalten, jede aber verschieden: der Traum die des Sehens, Verknüpfens, Dichtens; der Rausch die der Gebärde, der Leidenschaft, des Gesangs, des Tanzes.

798
[March–June 1888]

Apollinian—Dionysian.—There are two conditions in which art appears in man like a force of nature and disposes of him whether he will or not: as the compulsion to have visions and as a compulsion to an orgiastic state. Both conditions are rehearsed in ordinary life, too, but weaker: in dream and in intoxication.

But the same antithesis obtains between dream and intoxication: both release artistic powers in us, but different ones: the dream those of vision, association, poetry; intoxication those of gesture, passion, song, dance.

798
[1888 年 3 月至 6 月]

阿波罗－狄奥尼索斯式的——艺术作为一种自然力量出现在人之中，它具有两种状态，不论人愿意与否，它都支配着人：一方面作为幻觉的强制力；另一方面则作为一种狂欢的强制力。这两种状态也同样表现在日常生活中，不过较为隐蔽：在醉与梦中。

在醉与梦之间依旧存在同样的对立，两者都释放我们内在的艺术力量，但仍不尽相同：梦释放观看、联想、虚构的力量；醉释放姿态、激情、歌唱、舞蹈的力量。

799.

799.

Im dionysischen Rausche ist die Geschlechtlichkeit und die Wollust: sie fehlt nicht im apollinischen. Es muß noch eine Tempo-Verschiedenheit in beiden Zuständen geben ... Die extreme Ruhe gewisser Rauschempfindungen (strenger: die Verlangsamung des Zeit– und Raumgefühls) spiegelt sich gern in der Vision der ruhigsten Gebärden und Seelen–Arten. Der classische Stil stellt wesentlich diese Ruhe, Vereinfachung, Abkürzung, Concentration dar, – das höchste Gefühl der Macht ist concentrirt im classischen Typus. Schwer reagiren: ein großes Bewußtsein: kein Gefühl von Kampf.

799

[March–June 1888]

In the Dionysian intoxication, there is sexuality and voluptuousness: they are not lacking in the Apollonian. There must also be a difference in tempo in the two conditions — The extreme calm in certain sensations of intoxication (more strictly: the retardation of the feelings of time and space) likes to be reflected in a vision of the calmest gestures and types of soul. The classical style is essentially a representation of this calm, simplification, abbreviation, concentration—the highest feeling of power is concentrated in the classical type. To react slowly; a great consciousness; no feeling of struggle.

799

[1888 年 3 月至 6 月]

在狄奥尼索斯式的醉中，是性欲和肉欲，这同样存在于阿波罗式的状态中。此二者之间一定仍然有节奏上的差异 ——在特定的醉感中，极度宁静的感受（严格地说，对于时间和空间的滞缓感受），偏爱在最为宁静的姿态和心灵类型的幻象中表现出来。古典主义风格基本上呈现出这样一种宁静、简化、缩略和集中——强力的至上感集于古典主义类型中。反应迟缓，一种伟大的意识，毫无斗争感。

800.

Das Rauschgefühl, thatsächlich einem Mehr von Kraft entsprechend: am stärksten in der Paarungszeit der Geschlechter: neue Organe, neue Fertigkeiten, Farben, Formen; – die »Verschönerung« ist eine Folge der erhöhten Kraft. Verschönerung als Ausdruck eines siegreichen Willens, einer gesteigerten Coordination, einer Harmonisirung aller starken Begehrungen, eines unfehlbar perpendikulären Schwergewichts. Die logische und geometrische Vereinfachung ist eine Folge der Krafterhöhung: umgekehrt erhöht wieder das Wahrnehmen solcher Vereinfachung das Kraftgefühl ... Spitze der Entwicklung: der große Stil.

Die Häßlichkeit bedeutet décadence eines Typus, Widerspruch und mangelnde Coordination der inneren Begehrungen, – bedeutet einen Niedergang an organisirender Kraft, an »Willen«, psychologisch geredet.

Der Lustzustand, den man Rausch nennt, ist exakt ein hohes Machtgefühl ... Die Raum- und Zeit-Empfindungen sind verändert: ungeheure Fernen werden überschaut und gleichsam erst wahrnehmbar; die Ausdehnung des Blicks über größere Mengen und Weiten; die Verfeinerung des Organs für die Wahrnehmung vieles Kleinsten und Flüchtigsten; die Divination, die Kraft des Verstehens auf die leiseste Hülfe hin, auf jede Suggestion hin: die »intelligente« Sinnlichkeit –; die Stärke als Herrschaftsgefühl in den Muskeln, als Geschmeidigkeit und Lust an der Bewegung als Tanz, als Leichtigkeit und Presto; die Stärke als Lust am Beweis der Stärke, als Bravourstück, Abenteuer, Furchtlosigkeit, Gleichgültigkeit gegen Leben und Tod ... Alle diese Höhen-Momente des Lebens regen sich gegenseitig an; die Bilder- und Vorstellungswelt des einen genügt, als Suggestion, für den andern: – dergestalt sind schließlich Zustände in einander verwachsen, die vielleicht Grund hätten, sich fremd zu bleiben. Zum Beispiel: das religiöse Rauschgefühl und die Geschlechtserregung (– zwei tiefe

Gefühle, nachgerade fast verwunderlich coordinirt. Was gefällt allen frommen Frauen, alten? jungen? Antwort: ein Heiliger mit schönen Beinen, noch jung, noch Idiot). Die Grausamkeit in der Tragödie und das Mitleid (– ebenfalls normal coordinirt...). Frühling, Tanz, Musik: – alles Wettbewerb der Geschlechter, – und auch noch jene Faustische »Unendlichkeit im Busen«.

Die Künstler, wenn sie Etwas taugen, sind (auch leiblich) stark angelegt, überschüssig, Kraftthiere, sensuell; ohne eine gewisse Überheizung des geschlechtlichen Systems ist kein Raffael zu denken ... Musik machen ist auch noch eine Art Kindermachen; Keuschheit ist bloß die Ökonomie eines Künstlers, – und jedenfalls hört auch bei Künstlern die Fruchtbarkeit mit der Zeugungskraft auf ... Die Künstler sollen Nichts so sehen, wie es ist, sondern voller, sondern einfacher, sondern stärker: dazu muß ihnen eine Art Jugend und Frühling, eine Art habitueller Rausch im Leben eigen sein.

800

[March–June 1888]

The feeling of intoxication, in fact corresponding to an increase in strength; strongest in the mating season: new organs, new accomplishments, colors, forms; "becoming more beautiful" is a consequence of enhanced strength. Becoming more beautiful as the expression of a victorious will, of increased co-ordination, of a harmonizing of all the strong desires, of an infallibly perpendicular stress. Logical and geometrical simplification is a consequence of enhancement of strength: conversely the apprehension of such a simplification again enhances the feeling of strength—High point of the development: the grand style.

Ugliness signifies the decadence of a type, contradiction and lack of co-ordination among the inner desires–signifies a decline in organizing strength, in "will", to speak psychologically.

The condition of pleasure called intoxication is precisely an exalted feeling of power– The sensations of space and time are altered:

tremendous distances are surveyed and, as it were, for the first time apprehended; the extension of vision over greater masses and expanses; the refinement of the organs for the apprehension of much that is extremely small and fleeting; divination, the power of understanding with only the least assistance, at the slightest suggestion: "intelligent" sensuality–; strength as a feeling of dominion in the muscles, as suppleness and pleasure in movement, as dance, as levity and presto; strength as pleasure in the proof of strength, as bravado, adventure, fearlessness, indifference to life or death– All these climactic moments of life mutually stimulate one another; the world of images and ideas of the one suffices as a suggestion for the others :–in this way, states finally merge into one another though they might perhaps have good reason to remain apart. For example: the feeling of religious intoxication and sexual excitation (–two profound feelings, co–ordinated to an almost amazing degree. What pleases all pious women, old or young? Answer: a saint with beautiful legs, still young, still an idiot). Cruelty in tragedy and sympathy (–also normally co–ordinated–) Spring, dance, music:– all competitions between the sexes–and even that Faustian "infinity in the breast."

Artists, if they are any good, are (physically as well) strong, full of surplus energy, powerful animals, sensual; without a certain overheating of the sexual system a Raphael is unthinkable– Making music is another way of making children; chastity is merely the economy of an artist– and in any event, even with artists fruitfulness ceases when potency ceases– Artists should see nothing as it is, but fuller, simpler, stronger: to that end, their lives must contain a kind of youth and spring, a kind of habitual intoxication.

800

[1888 年 3 月至 6 月]

醉的感觉，事实上与一种力的丰富相应；在交配季节中最为强烈：新的器官，新的技巧、色彩、形式；"美化"乃是力之增强的结果。美化作为一种胜利意志之表达，一种提升的协调之表达，所有强烈欲望的一种和谐之表达，一种绝对垂直的重力之表达。逻辑的和几何的简化是力之增强的结果；反过来，对此种简化的感知又增强了力量感——发展的顶点，伟大的风格。

丑则意味着某种类型的颓败，内心欲望之间的冲突与缺乏协调。从心理学而言，意味着组织性力量的衰退，"意志"的衰退。

称之为醉的愉快的状态，准确地讲，乃是一种高度的强力感。空间和时间的感觉变了，异常遥远的距离得以被俯瞰，一如初次被感知；于更大范围与广度上的视线扩张；为了感知诸多毫末与刹那的器官的精细化。占卜、理解的力量，旨在寻求最轻柔的帮助，寻求各种启发暗示。"智力的"感官性：强壮作为肌肉中的支配感，作为舞蹈运动中的轻柔和愉悦，作为轻板和急板；强壮作为对力度证据的满足，作为勇敢、冒险、无所畏惧、对生命或死亡的冷漠。所有这些生命中的巅峰相互刺激彼此；任一时刻的图像与想象世界都足以作为其他时刻的启发。如此，各种状态最终彼此交融，即便它们或许本可以有理由保持彼此疏离。譬如：宗教的陶醉感和性兴奋（两种深刻的感觉，逐渐相互协调至一种几近令人惊叹的程度。使所有虔诚的女子愉悦的是什么，不论年轻或是年老？回答：一个长着美腿的，仍然年轻，仍然白痴的圣徒……）。悲剧中的残酷与同情心（同样也正常地相互协调着），春天、舞蹈、音乐：所有的性之间的竞争，甚至还有浮士德式的"胸脯中的无限性"。

艺术家们，如果他们尚存一些益处的话，就是（肉体上也是）强壮，精力过旺，是力量的动物，感觉丰富；如若没有某种特定的性系统的过热，那么拉斐尔就是无法想象的；创造音乐是成为孩童的另一种方式；贞洁仅是艺术家的经济学。在任何情况下，即便是艺术家，当生殖力终止，丰饶多产力也将枯竭。艺术家不应当如其所是地看待事物，而是更充实、更简单、更强壮。为此，他们的生命必须包含一种青春和春意，一种惯常的醉。

801.

Die Zustände, in denen wir eine Verklärung und Fülle in die Dinge legen und an ihnen dichten, bis sie unsre eigene Fülle und Lebenslust zurückspiegeln: der Geschlechtstrieb; der Rausch; die Mahlzeit; der Frühling; der Sieg über den Feind, der Hohn; das Bravourstück; die Grausamkeit; die Ekstase des religiösen Gefühls. Drei Elemente Vornehmlich: der Geschlechtstrieb, der Rausch, die Grausamkeit, – alle zur ältesten Festfreude des Menschen gehörend, alle insgleichen im anfänglichen »Künstler« überwiegend.

Umgekehrt: treten uns Dinge entgegen, welche diese Verklärung und Fülle zeigen, so antwortet das animalische Dasein mit einer Erregung jener Sphären, wo alle jene Lustzustände ihren Sitz haben: – und eine Mischung dieser sehr zarten Nuancen von animalischen Wohlgefühlen und Begierden ist der ästhetische Zustand. Letzterer tritt nur bei solchen Naturen ein, welche jener abgebenden und überströmenden Fülle des leiblichen vigor überhaupt fähig sind; in ihm ist immer das primum mobile. Der Nüchterne, der Müde, der Erschöpfte, der Vertrocknende (z.B. ein Gelehrter) kann absolut Nichts von der Kunst empfangen, weil er die künstlerische Urkraft, die Nöthigung des Reichthums nicht hat: wer nicht geben kann, empfängt auch Nichts.

»Vollkommenheit«: – in jenen Zuständen (bei der Geschlechtsliebe in Sonderheit) verräth sich naiv, was der tiefste Instinkt als das Höhere, Wünschbarere, Werthvollere überhaupt anerkennt, die Aufwärtsbewegung seines Typus; insgleichen nach welchem Status er eigentlich strebt. Die Vollkommenheit: das ist die außerordentliche Erweiterung seines Machtgefühls, der Reichthum, das notwendige Überschäumen über alle Ränder.

801

[Spring–Fall 1887; rev. Spring–Fall 1888]

The states in which we infuse a transfiguration and fullness into things and poetize about them until they reflect back our fullness and joy in life: sexuality; intoxication; feasting; spring; victory over an enemy, mockery; bravado; cruelty; the ecstasy of religious feeling. Three elements principally: *sexuality, intoxication, cruelty* –all belonging to the oldest *festal joys* of mankind, also preponderate in the early "artist".

Conversely, when we encounter things that display this transfiguration and fullness, the animal responds with an excitation of those spheres in which all those pleasurable states are situated and a blending of these very delicate nuances of animal well–being and desires constitutes the *aesthetic state*. The latter appears only in natures capable of that bestowing and overflowing fullness of bodily vigor; it is this that is always the primum mobile. The sober, the weary, the exhausted, the dried–up (e.g., scholars) can receive absolutely nothing from art, because they do not possess the primary artistic force, the pressure of abundance: whoever cannot give, also receives nothing.

"Perfection": in these states (in the case of sexual love especially) there is naively revealed what the deepest instinct recognizes as higher, more desirable, more valuable in general, the upward movement of its type; also toward what status it really aspires. Perfection: that is the extraordinary expansion of its feeling of power, riches, necessary overflowing of all limits.

801

[1887 年春至秋；修订于 1888 年春至秋]

在某些状态中，我们将升华[1]与丰盈置于事物之中并使其诗化，直至它们重新映射出我们生命中的丰盈和欢乐：性、醉意、

---

1. 此处德文原文为 Verklärung，其动词形式为 verklären。该词主要包含两种意思，第一种是指美化、改观，含修饰之意；第二种是指肉体的超越和升华。该词在基督教中尤指耶稣的面容改变。英文翻译为 transfiguration。这个词在全文中出现多次，而且任何一个单一中文词语都无法全部覆盖它的本意，所以在此不得不作出取舍，翻译为"升华"，以求尽量适用于全文。——译者注

食欲、春意、对敌的胜利、嘲弄、强横、残酷、宗教情感的激奋。三种主要的要素：性、醉意、残酷，都属于人类最为古老的节日之乐，它们在最初的"艺术家"中亦占主导地位。

反过来，当我们与呈现这种升华而丰盈的事物相遇时，动物性生命就会对包含所有上述令人愉悦之状态的那些氛围作出激励反应，并且这些相当微妙的动物性的幸福与欲望的混合构成了美学的状态。后者仅出现于能够赋予且满溢出身体活力之充盈的自然中，生命力始终是第一推动力。清醒者、疲倦者、衰竭者、枯槁者（譬如学者）绝对不能从艺术之中感受任何东西，因为他们不拥有艺术的原始之力和来自丰盈的压力：那不给予之人，也将一无所获。

"完满"在这些状态中（尤其是在性欲之爱中）天真地暴露出，最深刻的本能所认为的更高、更渴望、更有一般价值的地方，即其类型的上升运动；同样也是它真正向往的阶段。完满，即是强力感的异乎寻常的扩充，是丰富，是逾越边界的外溢。

802.

802.

Die Kunst erinnert uns an Zustände des animalischen vigor; sie ist einmal ein Überschuß und Ausströmen von blühender Leiblichkeit in die Welt der Bilder und Wünsche; andrerseits eine Anreizung der animalischen Funktionen durch Bilder und Wünsche des gesteigerten Lebens; – eine Erhöhung des Lebensgefühls, ein Stimulans desselben.

Inwiefern kann auch das Häßliche noch diese Gewalt haben? Insofern es noch von der siegreichen Energie des Künstlers Etwas mittheilt, der über dies Häßliche und Furchtbare Herr geworden ist; oder insofern es die Lust der Grausamkeit in uns leise anregt (unter Umständen selbst die Lust, uns wehe zu thun, die Selbstvergewaltigung: und damit das Gefühl der Macht über uns).

802

[Spring–Fall 1887]

Art reminds us of states of animal vigor; it is on the one hand an excess and overflow of blooming physicality into the world of images and desires; on the other, an excitation of the animal functions through the images and desires of intensified life;–an enhancement of the feeling of life, a stimulant to it.

How can even ugliness possess this power? In so far as it still communicates something of the artist's victorious energy which has become master of this ugliness and awfulness; or in so far as it mildly excites in us the pleasure of cruelty (under certain conditions even a desire to harm ourselves, self–violation–and thus the feeling of power over ourselves).

802

艺术提醒着我们动物性活力的状态，它一方面是绽放的肉体性面向图像和欲望世界时的一种过剩和溢出；另一方面，它是一种通过强化生命的图像和欲望对动物性机能的激发——一种生命感的增强，它的一支兴奋剂。

丑如何也拥有这种力量？只要丑能够传达出艺术家所具有的主宰丑陋和恐怖的常胜能量，抑或只要它轻轻激起我们内心残暴的愉悦（在一些情况下，甚至一种伤害我们自身的欲望、自我暴力，以及因此凌驾于我们自身之上的强力感）。

803.

803.

»Schönheit« ist deshalb für den Künstler Etwas außer aller Rangordnung, weil in der Schönheit Gegensätze gebändigt sind, das höchste Zeichen von Macht, nämlich über Entgegengesetztes; außerdem ohne Spannung: – daß keine Gewalt mehr noth thut, daß Alles so leicht folgt, gehorcht, und zum Gehorsam die liebenswürdigste Miene macht – das ergötzt den Machtwillen des Künstlers.

803

[1883–1888]

"Beauty" is for the artist something outside all orders of rank, because in beauty opposites are tamed; the highest sign of power, namely power over opposites; moreover, without tension:–that violence is no longer needed; that everything follows, obeys, so easily and so pleasantly–that is what delights the artist's will to power.

803

[1883 年至 1888 年]

"美"对于艺术家而言是某种处于一切等级秩序之外的东西，因为在美中的对立都已被驯服。强力的最高标志，就是超越对立的力量，亦即无张力。强力不再被需要，一切都如此轻松并且和颜悦色地跟随、服从，这即是愉悦艺术家强力意志的东西。

804.

804.

Biologischer Werth des Schönen und des Häßlichen. – Was uns instinktiv widersteht, ästhetisch, ist aus allerlängster Erfahrung dem Menschen als schädlich, gefährlich, mißtrauen-verdienend bewiesen: der plötzlich redende ästhetische Instinkt (im Ekel z. B.) enthält ein Urtheil. Insofern steht das Schöne innerhalb der allgemeinen Kategorie der biologischen Werthe des Nützlichen, Wohlthätigen, Leben-steigernden: doch so daß eine Menge Reize, die ganz von ferne an nützliche Dinge und Zustände erinnern und anknüpfen, uns das Gefühl des Schönen, d. h. der Vermehrung von Machtgefühl geben (– nicht also bloß Dinge, sondern auch die Begleitempfindungen solcher Dinge oder ihre Symbole).

Hiermit ist das Schöne und Häßliche als bedingt erkannt; nämlich in Hinsicht auf unsre untersten Erhaltungswerthe. Davon abgesehen ein Schönes und ein Häßliches ansetzen wollen, ist sinnlos. Das Schöne existirt so wenig als das Gute, das Wahre. Im Einzelnen handelt es sich wieder um die Erhaltungsbedingungen einer bestimmten Art von Mensch: so wird der Heerdenmensch bei anderen Dingen das Werthgefühl des Schönen haben, als der Ausnahme- und Über-Mensch.

Es ist die Vordergrunds-Optik, welche nur die nächsten Folgen in Betracht zieht, aus der der Werth des Schönen (auch des Guten, auch des Wahren) stammt.

Alle Instinkt-Urtheile sind kurzsichtig in Hinsicht auf die Kette der Folgen: sie rathen an, was zunächst zu thun ist. Der Verstand ist wesentlich ein Hemmungsapparat gegen das Sofort-Reagiren auf das Instinkt-Urtheil: er hält auf, er überlegt weiter, er sieht die Folgenkette ferner und länger.

Die Schönheits- und Häßlichkeits-Urtheile sind kurzsichtig (– sie haben immer den Verstandgegen sich –): aber im höchsten Grade überredend; sie appelliren an unsre Instinkte, dort, wo sie am schnellsten sich entscheiden und ihr Ja und Nein sagen, bevor noch der Verstand zu Worte kommt.

Die gewohntesten Schönheits–Bejahungen regen sich gegenseitig auf und an; wenn der ästhetische Trieb einmal in Arbeit ist, krystallisirt sich um »das einzelne Schöne« noch eine ganze Fülle anderer und anderswoher stammender Vollkommenheiten. Es ist nicht möglich, objektiv zu bleiben, resp. die interpretirende, hinzugebende, ausfüllende, dichtende Kraft auszuhängen (– letztere ist jene Verkettung der Schönheits–Bejahungen selber). Der Anblick eines »schönen Weibes« ...

Also 1) das Schönheits–Urtheil ist kurzsichtig, es sieht nur die nächsten Folgen;

2) es überhäuft den Gegenstand, der es erregt, mit einem Zauber, der durch die Association verschiedener Schönheits–Urtheile bedingt ist, – der aber dem Wesen jenes Gegenstandes ganz fremd ist. Ein Ding als schön empfinden heißt: es nothwendig falsch empfinden – (weshalb, beiläufig gesagt, die Liebesheirath die gesellschaftlich unvernünftigste Art der Heirath ist).

804

[Spring–Fall 1887]

Origin of the beautiful and ugly. –Biological value of the beautiful and the ugly.– That which is instinctively repugnant to us, aesthetically, is proved by mankind's longest experience to be harmful, dangerous, worthy of suspicion: the suddenly vocal aesthetic instinct (e.g., in disgust) contains a judgment. To this extent the beautiful stands within the general category of the biological values of what is useful, beneficent, life–enhancing–but in such a way that a host of stimuli that are only distantly associated with, and remind us only faintly of, useful things and states give us the feeling of the beautiful, i.e., of the increase of the feeling of power (–not merely things, therefore, but also the sensations that accompany such things, or symbols of them).

Thus the beautiful and the ugly are recognized as relative to our most fundamental values of preservation. It is senseless to want to posit anything as beautiful or ugly apart from this. The beautiful exists just as little as does the good, or the true. In every case it is a question of the conditions of preservation of a certain type of man: thus the herd man will experience the value feeling of the beautiful in the presence of different things than will the exceptional or over-man.

It is the perspective of the foreground, which concerns itself only with immediate consequences, from which the value of the beautiful (also of the good, also of the true) arises.

All instinctive judgments are shortsighted in regard to the chain of consequences: they advise what is to be done immediately. The understanding is essentially a brake upon immediate reactions on the basis of instinctive judgments: it retards, it considers, it looks further along the chain of consequences.

Judgments concerning beauty and ugliness are shortsighted (–they are always opposed by the understanding–) but persuasive in the highest degree; they appeal to our instincts where they decide most quickly and pronounce their Yes and No before the understanding can speak.

The most habitual affirmations of beauty excite and stimulate each other; once the aesthetic drive is at work, a whole host of other perfections, originating elsewhere, crystallize around "the particular instance of beauty." It is not possible to remain objective, or to suspend the interpretive, additive, interpolating, poetizing power (–the latter is the forging of the chain of affirmations of beauty). The sight of a "beautiful woman"–

Thus 1) the judgment of beauty is shortsighted, it sees only the immediate consequences;

2) it lavishes upon the object that inspires it a magic conditioned by the association of various beauty judgments –that are quite alien to the nature of that object. To experience a thing as beautiful means: to experience it necessarily wrongly –(which, incidentally, is why marriage for love is, from the point of view of society, the most unreasonable kind of marriage).

804

[1887 年春至秋]

美和丑的生物学价值。凡本能地与我们相抵触的东西，在美学上，即是被人类最悠久的经验证明为有害的、危险的、应当怀疑的：突然发声的审美本能（譬如在厌恶中）包含着一种判断。在此程度内，美就处于那些有用的、有益的、提升生命的生物学价值的一般范畴之中。但是这样一来，那些远距离提醒我们这些有用事物并与之关联的诸多刺激，也会给予我们美的感受，即强力感的增强（因此，不仅仅是事物，而且也包含伴随着这些事物或其象征的感受）。

因此，美和丑就我们最深处的保存价值而言，被认为是有条件的。想要脱离这一点而设定美和丑，就是毫无意义的。美与善、真一样并不实存。具体而言，这是一个特定类型之人的保存条件的问题。因此，群氓将会与异乎寻常之人或超人在不同的事物中，拥有美的价值感受。

这是正面的观感，它仅以最贴近的结果为自身考量，美的价值（善和真的价值也同样）也来源于这一观感。

从结果链来看，所有的本能判断都是短视的：它们建议首先要做什么。从根本上来说，理智是对以本能判断为基础的应急反应的一个阻力装置：它逗留、它衡量、它沿着结果链看得更远。

关于美和丑的判断是短视的（他们总是与理智相对立），但却最具说服力。它呼吁我们的天性，在彼时，在理智能够发声之前以最快的速度作出决定，说出是或否。

最习以为常的对美的确认相互刺激并激发彼此，一旦审美的驱动力开始工作，就会围绕着"具体的美"凝结出一大堆源自别处的其他的完满性。保持客观性，或是悬置解释性、附加性、填充性、诗化的力量（后者乃是对美的各类确认的联结）是不可能的。一位"美丽女人"的眼光……

由此：1）美的判断是短视的，它仅看到贴近的结果。

2）它赋予激发它的对象一种魔力，这种魔力受制于各种美的判断之联合——但与该对象的本质十分疏远。感到一个事物是美的，意味着必须错误地感受这个事物（顺便一提，这就是为何为爱结婚，从社会的角度而言，是最不理性的婚姻方式）。

805.

Zur Genesis der Kunst. – Jenes Vollkommen–machen, Vollkommen– sehen, welches dem mit geschlechtlichen Kräften überladenen cerebralen System zu eigen ist (der Abend zusammen mit der Geliebten, die kleinsten Zufälligkeiten verklärt, das Leben eine Abfolge sublimer Dinge, »das Unglück des Unglücklich–Liebenden mehr werth als irgend Etwas«): andrerseits wirkt jedes Vollkommene und Schöne als unbewußte Erinnerung jenes verliebten Zustandes und seiner Art zu sehen – jede Vollkommenheit, die ganze Schönheit der Dinge erweckt durch contiguity die aphrodisische Seligkeit wieder. (Physiologisch: der schaffende Instinkt des Künstlers und die Vertheilung des Semen in's Blut...) Das Verlangen nach Kunst und Schönheit ist ein indirektes Verlangen nach den Entzückungen des Geschlechtstriebes, welche er dem Cerebrum mittheilt. Die vollkommen gewordne Welt, durch »Liebe«.

805

[1883–1888]

On the genesis of art.– That making perfect, seeing as perfect, which characterizes the cerebral system bursting with sexual energy (evening with the beloved, the smallest chance occurrences transfigured, life a succession of sublime things, "the misfortune of the unfortunate lover worth more than anything else"): on the other hand, everything perfect and beautiful works as an unconscious reminder of that enamored condition and its way of seeing — every perfection, all the beauty of things, revives through contiguity this aphrodisiac bliss. (Physiologically: the creative instinct of the artist and the distribution of semen in his blood—) The demand for art and beauty is an indirect demand for the ecstasies of sexuality communicated to the brain. The world become perfect, through "love"—

关于艺术的生成。那种做得完满、看得完满，乃是负载性能量的大脑系统所独有的（与心爱之人的夜晚，将最小的偶然性加以升华，生命是崇高事物的序列，"不幸的情人之不幸比任何其他都珍贵"）：另一方面，一切完满和美的事物都以无意识唤醒那种迷恋的状态及其类型的方式去发现——每一种完满性，所有事物之美，通过相互联系重新唤起爱神的极乐。（从生理学而言，艺术家的创造天性以及精液在其血液中的分布……）对艺术和美的需求乃是对传达至大脑的性欲陶醉的一种间接需求。通过"爱"，世界变得完美。

806.

Die Sinnlichkeit in ihren Verkleidungen: 1) als Idealismus (»Plato«), der Jugend eigen, dieselbe Art von Hohlspiegel–Bild schaffend, wie die Geliebte im Speciellen erscheint, eine Inkrustation, Vergrößerung, Verklärung, Unendlichkeit um jedes Ding legend –: 2) in der Religion der Liebe: »ein schöner junger Mann, ein schönes Weib«, irgendwie göttlich, ein Bräutigam, eine Braut der Seele –: 3) in der Kunst, als »schmückende« Gewalt: wie der Mann das Weib sieht, indem er ihr gleichsam Alles zum Präsent macht, was es von Vorzügen giebt, so legt die Sinnlichkeit des Künstlers in Ein Objekt, was er sonst noch ehrt und hochhält – dergestalt vollendet er ein Objekt (»idealisirt« es).Das Weib, unter dem Bewußtsein, was der Mann in Bezug auf das Weib empfindet, kommt dessen Bemühen nach Idealisirung entgegen,indem es sich schmückt, schön geht, tanzt, zarte Gedanken äußert: insgleichen übt sie Scham, Zurückhaltung, Distanz – mit dem Instinkt dafür, daß damit das idealisirende Vermögen des Mannes wächst. (–Bei der ungeheuren Feinheit des weiblichen Instinkts bleibt die Scham keineswegs bewußte Heuchelei: sie erräth, daß gerade die naive wirkliche Schamhaftigkeit den Mann am meisten verführt und zur Überschätzung drängt. Darum ist das Weib naiv – aus Feinheit des Instinkts, welcher ihr die Nützlichkeit des Unschuldigseins anräth. Ein willentliches die–Augen– über–sich–geschlossen–halten… Überall, wo die Verstellung stärker wirkt, wenn sie unbewußt ist, wird sie unbewußt.)

Sensuality in its disguises: 1) as idealism ("Plato"), peculiar to youth, creating the same kind of concave image that the beloved in particular assumes, imposing an encrustation, magnification, transfiguration, infinity upon everything–; 2) in the religion of love: "a handsome young man, a beautiful woman," somehow divine, a bridegroom, a bride of the soul–; 3) in art, as the "embellishing" power: as man sees woman and, as it were, makes her a present of everything excellent, so the sensuality of the artist puts into one object everything else that he honors and esteems –in this way he *perfects* an object ("idealizes" it). Woman, conscious of man's feelings concerning women, assists his efforts at idealization by adorning herself, walking beautifully, dancing, expressing delicate thoughts: in the same way, she practices modesty, reserve, distance –realizing instinctively that in this way the idealizing capacity of the man will grow. (–Given the tremendous subtlety of woman's instinct, modesty remains by no means conscious hypocrisy: she divines that it is precisely an actual naive modesty that most seduces a man and impels him to overestimate her. Therefore woman is naive –from the subtlety of her instinct, which advises her of the utility of innocence. A deliberate *closing of one's eyes to oneself*– Wherever dissembling produces a stronger effect when it is unconscious, it becomes unconscious.)

806
[1883 年至 1888 年]

在伪装之中的感性：1）作为理念论[1]（"柏拉图"），为青年所特有，创造出与所爱之人特别呈现出的那种图像类型相同的凹面镜像，在任何事物身上都施加一种表面装饰、放大、升华、无限；2）在爱之宗教中，"一名英俊的青年男子，一位美丽的

---

1. 此处的德语原文为 Idealismus，通常在哲学中被翻译为理念论、观念论、唯心主义。但该词在全书中出现多次，且不仅仅被应用于探讨哲学。因此，为尽量保持全书译文统一，除此处翻译为理念论以外，其他各处均翻译为理想主义，其动词形式则译为理想化。——译者注

女人"，不知怎地充满神性，一位新郎，一位心仪的新娘；3）在艺术中，作为"装饰"的力量，如同男人看女人，好似要将一切好的东西都给予她作礼物，所以艺术家的感性将其尊重和珍视的剩余全部事物都放入一个对象之中——如此这般，他完成了一个对象（将之"理想化"）。女人，在男人感觉女人的意识中，通过装扮自己、步态美丽、翩然起舞、表达精巧之思，来对男人朝向理想化的努力作出让步。同样，她表现得羞涩、矜持、有距离感——同时本能地心甘情愿，以便借此使得男人理想化的能力得以增长（得知女性本能的极其精巧之处，便知羞涩并非故意的虚伪。她预测到，正是一种天真且真实的羞涩最为勾引男人，并迫使其高估她。因此，女人是天真的——这是从其本能的精巧而来，这种精巧向她推荐扮无辜的效用。一种有意的对自己视而不见——但凡无意识的伪装制造出更强的效果，它即成为无意识的）。

807.

Was der Rausch Alles vermag, der »Liebe« heißt und der noch etwas Anderes ist als Liebe! – Doch darüber hat Jedermann seine Wissenschaft. Die Muskelkraft eines Mädchens wächst, sobald nur ein Mann in seine Nähe kommt; es giebt Instrumente, dies zu messen. Bei einer noch näheren Beziehung der Geschlechter, wie sie z.B. der Tanz und andre gesellschaftliche Gepflogenheiten mit sich bringen, nimmt diese Kraft dergestalt zu, um zu wirklichen Kraftstücken zu befähigen: man traut endlich seinen Augen nicht – und seiner Uhr! Hier ist allerdings einzurechnen, daß der Tanz an sich schon, gleich jeder sehr geschwinden Bewegung, eine Art Rausch für das gesammte Gefäß–, Nerven– und Muskel–System mit sich bringt. Man hat in diesem Falle mit den combinirten Wirkungen eines doppelten Rausches zu rechnen. – Und wie weise es mitunter ist, einen kleinen Stich zu haben!...Es giebt Realitäten, die man nie sich eingestehen darf; dafür ist man Weib, dafür hat man alle weiblichen pudeurs... Diese jungen Geschöpfe, die dort tanzen, sind ersichtlich jenseits aller Realität: sie tanzen nur mit lauter handgreiflichen Idealen; sie sehen sogar, was mehr ist, noch Ideale um sich sitzen: die Mütter!... Gelegenheit, Faust zu citiren... Sie sehen unvergleichlich besser aus, wenn sie dergestalt ihren kleinen Stich haben, diese hübschen Kreaturen, – oh wie gut sie das auch wissen! sie werden sogar liebenswürdig, weil sie das wissen! – Zuletzt inspirirt sie auch noch ihr Putz; ihr Putz ist ihr dritter kleiner Rausch: sie glauben an ihren Schneider wie sie an ihren Gott glauben: – und wer widerriethe ihnen diesen Glauben! Dieser Glaube macht selig! Und die Selbstbewunderung ist gesund! – Selbstbewunderung schützt vor Erkältung. Hat sich je ein hübsches Weib erkältet, das sich gut bekleidet wußte? Nun und nimmermehr! Ich setze selbst den Fall, daß es kaum bekleidet war.

807

[Summer–Fall 1888]

What a tremendous amount can be accomplished by that intoxication which is called "love" but which is yet something other than love! – But everyone has his own knowledge of this. The muscular strength of a girl increases as soon as a man comes into her vicinity; there are instruments to measure this. When the sexes are in yet closer contact, as, e.g., at dances and other social events, this strength is augmented to such a degree that real feats of strength are possible: in the end one scarcely believes one's own eyes –or one's watch. In such cases, to be sure, we must reckon with the fact that dancing in itself, like every other swift movement, brings with it a kind of intoxication of the whole vascular, nervous, and muscular system. So one has to reckon with the combined effects of a twofold intoxication. –And how wise it is at times to be a little tipsy!

There are realities that one may never admit to oneself; after all, one is a woman; after all, one has a woman's pudeurs– Those young creatures dancing over there are obviously beyond all reality: they are dancing with nothing but palpable ideals; what is more, they even see ideals sitting around them: the mothers! Opportunity to quote Faust– They look incomparably better when they are a little tipsy like that, these pretty creatures –oh, how well they know that, too. They actually become amiable because they know it.

Finally, they are also inspired by their finery; their finery is their third intoxication: they believe in their tailors as they believe in their God –and who would dissuade them from this faith? This faith makes blessed! And self–admiration is healthy! Self–admiration protects against colds. Has a pretty woman who knew herself to be well dressed ever caught cold? Never! I am even assuming that she was barely dressed.

THE WILL TO POWER AS ART   029

醉可以获得多么巨大的成就啊，它被称为"爱"，却仍是不同于爱的某种东西！然而人人都有自己关于它的知识。当一个男人走近一位姑娘，她的肌肉力量便会增强，对此有仪器可以测量。当两性进入亲密的接触，譬如在跳舞和其他社交活动中，这种力量会因此增长起来，直至能够进行现实的力量运作：最后人们都无法相信自己的眼睛——或是他们的注视了。但此时需要注意的是，跳舞本身，如同所有其他的快速运动一样，已经给整个内脏系统、神经系统和肌肉系统带来了一种醉意。因此，人们在这种情况下必须考虑到一种双重的醉的组合效用。不时地小醉微醺是多么聪明啊！

有些事态是绝对不可以承认的；这终究是一位女人；她到底有着女人的羞涩。这些在那里翩然起舞的年轻的受造物们显然超越了所有的实在性：她们只与真正明确的理想类型起舞。不仅如此，她们甚至看见的更多，理想类型围坐四周：妈妈们！倘若有机会引用《浮士德》——如此微醺的她们看起来更加无与伦比，这些漂亮的受造物——啊，她们也多么清楚地知道这一点。她们实际上正因为知道这一点而变得可爱！

最后，她们的装扮也给予其灵感；她们的装扮是她们的第三种微醉：她们相信她们的裁缝如同相信她们的上帝一般——而谁又会违背她们的这种信仰呢？这种信仰带来福报！而且自我欣赏是健康的！自我欣赏防止感冒。当任何一位漂亮的女人对自己美丽的装扮了然于心时，她会患上感冒吗？永远不会！我甚至可以设想她们几乎什么都没穿。

808.

Will man den erstaunlichsten Beweis dafür, wie weit die Transfigurations-kraft des Rausches geht? – Die »Liebe« ist dieser Beweis: Das, was Liebe heißt in allen Sprachen und Stummheiten der Welt. Der Rausch wird hier mit der Realität in einer Weise fertig, daß im Bewußtsein des Liebenden die Ursache ausgelöscht und etwas Andres sich an ihrer Stelle zu finden scheint, – ein Zittern und Aufglänzen aller Zauberspiegel der Circe... Hier macht Mensch und Thier keinen Unterschied; noch weniger Geist, Güte, Rechtschaffenheit. Man wird fein genarrt, wenn man fein ist; man wird grob genarrt, wenn man grob ist: aber die Liebe, und selbst die Liebe zu Gott, die Heiligen-Liebe »erlöster Seelen«, bleibt in der Wurzel Eins: ein Fieber, das Gründe hat sich zu transfiguriren, ein Rausch, der gut thut über sich zu lügen... Und jedenfalls lügt man gut, wenn man liebt, vor sich und über sich: man scheint sich transfigurirt, stärker, reicher, vollkommener, manist vollkommener... Wir finden hier die Kunst als organische Funktion: wir finden sie eingelegt in den engelhaftesten Instinkt »Liebe«: wir finden sie als größtes Stimulans des Lebens, – Kunst somit als sublim zweckmäßig auch noch darin, daß sie lügt... Aber wir würden irren, bei ihrer Kraft, zu lügen, stehen zu bleiben: sie thut mehr, als bloß imaginiren: sie verschiebt selbst die Werthe. Und nicht nur daß sie das Gefühl der Werthe verschiebt: der Liebende ist mehr werth, ist stärker Bei den Thieren treibt dieser Zustand neue Waffen, Pigmente, Farben und Formen heraus: vor Allem neue Bewegungen, neue Rhythmen, neue Locktöne und Verführungen. Beim Menschen ist es nicht anders. Sein Gesammthaushalt ist reicher, als je, mächtiger, ganzer, als im Nichtliebenden. Der Liebende wird Verschwender: er ist reich genug dazu. Er wagt jetzt, wird Abenteurer, wird ein Esel an Großmuth und Unschuld; er glaubt wieder an Gott, er glaubt an die Tugend, weil er an die Liebe glaubt: und andrerseits wachsen diesem Idioten des Glücks Flügel und neue Fähigkeiten und selbst zur Kunst thut sich ihm die Thür auf. Rechnen wir aus der Lyrik in Ton und Wort die Suggestion jenes intestinalen Fiebers ab: was bleibt von der Lyrik und Musik übrig? ... L'art pour L'art vielleicht: das virtuose Gequak kaltgestellter Frösche, die in ihrem Sumpfe desperiren ... Den ganzen Rest schuf die Liebe...

808

[March–June 1888]

Do you desire the most astonishing proof of how far the transfiguring power of intoxication can go?– "Love" is this proof: that which is called love in all the languages and silences of the world. In this case, intoxication has done with reality to such a degree that in the consciousness of the lover the cause of it is extinguished and something else seems to have taken its place –a vibration and glittering of all the magic mirrors of Circe –

Here it makes no difference whether one is man or animal; even less whether one has spirit, goodness, integrity. If one is subtle, one is fooled subtly; if one is coarse, one is fooled coarsely; but love, and even the love of God, the saintly love of "redeemed souls", remains the same in its roots: a fever that has good reason to transfigure itself, an intoxication that does well to lie about itself– And in any case, one lies well when one loves, about oneself and to oneself: one seems to oneself transfigured, stronger, richer, more perfect, one is more perfect — Here we discover art as an organic function: we discover it in the most angelic instinct, "love"; we discover it as the greatest stimulus of life —art thus sublimely expedient even when it lies—

But we should do wrong if we stopped with its power to lie: it does more than merely imagine; it even transposes values. And it is not only that it transposes the feeling of values: the lover is more valuable, is stronger. In animals this condition produces new weapons, pigments, colors, and forms; above all, new movements, new rhythms, new love calls and seductions. It is no different with man. His whole economy is richer than before, more powerful, more complete than in those who do not love. The lover becomes a squanderer: he is rich enough for it. Now he dares, becomes an adventurer, becomes an ass in magnanimity and innocence; he believes in God again, he believes in virtue, because he believes in love; and on the other hand, this happy idiot grows wings and new capabilities, and even the door of art is opened to him. If we subtracted all traces of this intestinal fever from lyricism in sound and word, what would be left of lyrical poetry and music?— L'art pour l'art perhaps: the virtuoso croaking of shivering frogs, despairing in their swamp—All the rest was created by love—

808

[1888 年 3 月至 6 月]

你是否想求得最叹为观止的证据来证明，醉的升华力有多大呢？——"爱"即是这种证据：这是在世界上所有语言与缄默中都称为爱的东西。在此，醉以这样一种方式来掌控现实，即在爱人的意识之中，原因退场，某些别的东西似乎取代了它的位置——喀耳刻[1] 所有魔幻之镜的震颤和闪光……

在此，人和动物并无区别；是否有精神、善、诚实就更是无区别。谁精明，谁就被精明地愚弄；谁粗鲁，谁就被粗鲁地愚弄；但是爱，甚至是上帝之爱，"拯救灵魂"的神圣的爱，源于同一个根：一种不无缘由的美化自身的狂热，一种对自己制造冠冕堂皇的谎言的醉——但在任何情况下，当他恋爱，他便善于撒谎，向自己撒谎以及撒关于自己的谎。他似乎自我超越了，变得更强大、更富有、更完满，他是更加完满。在此，我们发现艺术拥有了器官的功能；我们发现它已经内嵌进了"爱"这种天使般的本

---

1. 喀耳刻（Circe）：太阳神赫利乌斯和海神女儿珀耳塞的女儿，国王埃厄忒斯的妹妹。她是古希腊神话中的女巫，以操纵黑魔法、变形术及幻术闻名。她将魔咒施于药草，召唤来自神明的力量于自身，可将敌人变成怪物，她也能制造幻想，使太阳、月亮与星辰藏匿，大地黯然。——译者注

能当中；我们发现它是生命最为强烈的兴奋剂——艺术的崇高之所以如此合乎时宜还在于，它会说谎……但若在其拥有说谎的力量这一点上停顿下来，我们就错了。它比区区依靠想象来得更多；它甚至改变价值。而且，它不仅仅是改变价值的感觉：施爱者是更有价值的，是更强大的。在动物中，这种情况催发出新的武器、颜料、色彩和形状；最重要的是新的运动、新的节奏、新的求爱之音与引诱。人类并无不同。他会比以前更加富有，比那些不爱的人，更有力量、更加完整。施爱者变成了挥霍者，因为他足够富有。现在他敢于成为一个探险者，成为一个洪量又纯洁的人；他再次相信上帝，他相信美德，因为他信奉爱；另一方面，这个幸福的白痴长出了翅膀和新的能力，甚至艺术之门都向其敞开。如果我们从声文并茂的抒情诗中去除这种内在狂热的启发，那么抒情诗和音乐还将剩下什么？ ——为艺术而艺术（l'art pour l'art）或许是：在沼泽中绝望挣扎的冻僵青蛙的聒噪……其余的一切都是爱之创造……

Alle Kunst wirkt als Suggestion auf die Muskeln und Sinne, welche ursprünglich beim naiven künstlerischen Menschen thätig sind: sie redet immer nur zu Künstlern, – sie redet zu dieser Art von seiner Beweglichkeit des Leibes. Der Begriff »Laie« ist ein Fehlgriff. Der Taube ist keine Species des Guthörigen, Alle Kunst wirkt tonisch, mehrt die Kraft, entzündet die Lust (d. h. das Gefühl der Kraft), regt alle die feineren Erinnerungen de» Rausches an, – es giebt ein eigenes Gedächtniß, das in solche Zustände hinunterkommt: eine ferne und flüchtige Welt von Sensationen kehrt da zurück.

Das Häßliche, d. h. der Widerspruch zur Kunst, Das, was ausgeschlossen wird von der Kunst, ihr Nein: – jedesmal, wenn der Niedergang, die Verarmung an Leben, die Ohnmacht, die Auflösung, die Verwesung von fern nur angeregt wird, reagirt der ästhetische Mensch mit seinem Nein. Das Häßliche wirkt depressiv: es ist der Ausdruck einer Depression. Es nimmt Kraft, es verarmt, es drückt... Das Häßliche suggerirt Häßliches; man kann an seinen Gesundheitszuständen erproben, wie unterschiedlich das Schlechtbefinden auch die Fähigkeit der Phantasie des Häßlichen steigert. Die Auswahl wird anders, von Sachen, Interessen, Fragen. Es giebt einen dem Häßlichen nächstverwandten Zustand auch im Logischen: – Schwere, Dumpfheit. Mechanisch fehlt dabei das Gleichgewicht: das Häßliche hinkt, das Häßliche stolpert: – Gegensatz einer göttlichen Leichtfertigkeit des Tanzenden.

Der ästhetische Zustand hat einen Überreichthum von Mittheilungsmitteln, zugleich mit einer extremen Empfänglichkeit für Reize und Zeichen. Er ist der Höhepunkt der Mittheilsamkeit und Übertragbarkeit zwischen lebenden Wesen, – er ist die Quelle der Sprachen. Die Sprachen haben hier ihren Entstehungsherd: die

Tonsprachen sogut als die Gebärden- und Blicksprachen. Das vollere Phänomen ist immer der Anfang: unsere Vermögen sind subtilisirt aus volleren Vermögen. Aber auch heute hört man noch mit den Muskeln, man liest selbst noch mit den Muskeln.

Jede reife Kunst hat eine Fülle Convention zur Grundlage: insofern sie Sprache ist. Die Convention ist die Bedingung der großen Kunst, nicht deren Verhinderung ... Jede Erhöhung des Lebens steigert die Mittheilungs-Kraft, insgleichen die Verständniß-Kraft des Menschen. Das Sich-hineinleben in andere Seelen ist ursprünglich nichts Moralisches, sondern eine physiologische Reizbarkeit der Suggestion: die »Sympathie« oder was man »Altruismus« nennt, sind bloße Ausgestaltungen jenes zur Geistigkeit gerechneten psychomotorischen Rapports (induction psycho-motrice meint Ch. Frèré). Man theilt sich nie Gedanken mir: man theilt sich Bewegungen mit, mimische Zeichen, welche von uns auf Gedankenhin zurückgelesen werden.

809

[March-June 1888]

All art exercises the power of suggestion over the muscles and senses, which in the artistic temperament are originally active: it always speaks only to artists —it speaks to this kind of a subtle flexibility of the body. The concept "layman" is an error. The deaf man is not a species of the man with good hearing.

All art works tonically, increases strength, inflames desire (i.e., the feeling of strength), excites all the more subtle recollections of intoxication — there is a special memory that penetrates such states: a distant and transitory world of sensations here comes back.

The ugly, i.e., the contradiction to art, that which is excluded from art, its NO —every time decline, impoverishment of life, impotence, disintegration, degeneration are suggested even faintly, the aesthetic man reacts with his No. The effect of the ugly is depressing: it is the expression of a depression. It takes away strength, it impoverishes, it weighs down—

The ugly suggests ugly things; one can use one's states of health to test how variously an indisposition increases the capacity for imagining ugly things. The selection of things, interests, and questions changes. A state closely related to the ugly is encountered in logic, too: heaviness, dimness. Mechanically speaking, equilibrium is lacking: the ugly limps, the ugly stumbles: antithesis to the divine frivolity of the dancer.

The aesthetic state possesses a superabundance of means of communication, together with an extreme receptivity for stimuli and signs. It constitutes the high point of communication and transmission between living creatures —it is the source of languages. This is where languages originate: the languages of tone as well as the languages of gestures and glances. The more complete phenomenon is always the beginning: our faculties are subtilized out of more complete faculties. But even today one still hears with one's muscles, one even reads with one's muscles.

Every mature art has a host of conventions as its basis —in so far as it is a language. Convention is the condition of great art, not an obstacle—Every enhancement of life enhances man's power of communication, as well as his power of understanding. Empathy with the souls of others is originally nothing moral, but a physiological susceptibility to suggestion: "sympathy" or what is called "altruism"is merely a product of that psychomotor rapport which is reckoned a part of spirituality (induction psycho–motrice, Charles Féré thinks). One never communicates thoughts: one communicates movements, mimic signs, which we then trace back to thoughts.

809
[1888 年 3 月至 6 月]

一切艺术都启发式地作用于肌肉和感官，而这本就活跃在那些具有朴素艺术气息的人身上：它向来只与艺术家说话——它朝向这种灵敏的肉体说话。"外行"的概念是一个错误。聋者并非耳聪之人，一切艺术都是发声的，它增强力量，燃起欲望（即力量的感觉），激发起对醉的所有较为微妙的回忆——有一个潜入此种状态的特殊记忆：遥远的、转瞬即逝的感觉世界于此返回。

丑，即艺术的对立面，是艺术所排斥的，它的否定——每一次生命的下降、衰竭、疲软、崩解和腐败，哪怕只是稍一触发，审美的人都会以否定加以应对。丑带来压抑，它是一种压抑的表达。它夺走力量，它使之枯竭，它造成压迫……

丑意味着丑的事物；通过一个人的健康状态便可以检测出病痛如何变换花样地增加他对于丑的事物的想象力。对于事物、兴趣以及问题的选择发生改变。在逻辑中与丑极其相关联的状态则是：沉重、迟钝。机械地说，即是平衡的缺失：丑跛足而行、丑跌跌撞撞，恰与舞蹈者神圣的轻盈相反。

美学状态具有超级丰富的传达方式，并且对于刺激和信号有着极端的易感性。它构成生物之间的传达与沟通的制高点——它是语言之源。这里是语言缘起之处：语音语言以及姿势、眼神语言。起点总是更完整的现象：我们的能力从更加完整的能力中分化而出。但是，即便时至今日，人们仍旧以肌肉来听，用肌肉来读。

每一种成熟的艺术都有大量惯例作为其基础，因为它总是一种语言。惯例是伟大艺术的条件，而不是障碍。生命的每一次提升都增强了人的传达力量和理解力量。对于他人灵魂的感同身受原本并无道德可言，但却是启发暗示所具有的一种生理刺激性："同情"，或是所谓的"利他主义"，只不过是被当作精神性来看待的心理动力联系的产物（查理·费勒[1]认为的心理动力感应）。人们从不交流思想：人们传达动作、面部信号，我们则将之寻根溯源为思想。

---

1. 查理·费勒（Charles Fere）：19 世纪法国心理学家。——译者注

810.

Im Verhältniß zur Musik ist alle Mittheilung durch Worte von schamloser Art; das Wort verdünnt und verdummt; das Wort entpersönlicht; das Wort macht das Ungemeine gemein.

810
[Spring-Fall 1887]

Compared with music all communication by words is shameless; words dilute and brutalize; words depersonalize; words make the uncommon common.

810
[1887 年春至秋]

与音乐相比较，一切言语的交流都是无耻的，言语使之稀薄并对其加以残暴化，言语使之丧失个性，言语化神奇为陈腐。

811.

Es sind die Ausnahme–Zustände, die den Künstler bedingen: alle, die mit krankhaften Erscheinungen tief verwandt und verwachsen sind: sodaß es nicht möglich scheint, Künstler zu sein und nicht krank zu sein.

Die physiologischen Zustände, welche im Künstler gleichsam zur »Person« gezüchtetsind und die an sich in irgendwelchem Grade dem Menschen überhaupt anhaften:

1) der Rausch: das erhöhte Machtgefühl; die innere Nöthigung, aus den Dingen einen Reflex der eignen Fülle und Vollkommenheit zu machen;

2) die extreme Schärfe gewisser Sinne: sodaß sie eine ganz andre Zeichensprache verstehn – und schaffen, – dieselbe, die mit manchen Nervenkrankheiten verbunden erscheint –; die extreme Beweglichkeit, aus der eine extreme Mitteilsamkeit wird; das Redenwollen alles Dessen, was Zeichen zu geben weiß –; ein Bedürfniß, sich gleichsam loszuwerden durch Zeichen und Gebärden; Fähigkeit, von sich durch hundert Sprachmittel zu reden, – ein explosiver Zustand. Man muß sich diesen Zustand zunächst als Zwang und Drang denken, durch alle Art Muskelarbeit und Beweglichkeit die Exuberanz der inneren Spannung loszuwerden: sodann als unfreiwillige Coordination dieser Bewegung zu den inneren Vorgängen (Bildern, Gedanken, Begierden), – als eine Art Automatismus des ganzen Muskelsystems unter dem Impuls von Innen wirkender starker Reize –; Unfähigkeit, die Reaktion zu verhindern; der Hemmungsapparat gleichsam ausgehängt. Jede innere Bewegung (Gefühl, Gedanke, Affekt) ist begleitet von Vaskular–Veränderungen und folglich von Veränderungen der Farbe, der Temperatur, der Sekretion. Diesuggestive Kraft der Musik, ihre »suggestion mentale«; –

3) das Nachmachen-müssen: eine extreme Irritabilität, bei der sich ein gegebenes Vorbild contagiös mittheilt, – ein Zustand wird nach

Zeichen schon errathen und dargestellt ... Ein Bild, innerlich auftauchend, wirkt schon als Bewegung der Glieder –, eine gewisse Willens– Aushängung...(Schopenhauer!!!!) Eine Art Taubsein, Blindsein nach Außen hin, – das Reich der zugelassenen Reize ist scharf umgrenzt.

Dies unterscheidet den Künstler vom Laien (dem künstlerisch–Empfänglichen): letzterer hat im Aufnehmen seinen Höhepunkt von Reizbarkeit; ersterer im Geben, – dergestalt, daß ein Antagonismus dieser beiden Begabungen nicht nur natürlich, sondern wünschenswerth ist. Jeder dieser Zustände hat eine umgekehrte Optik, – vom Künstler verlangen, daß er sich die Optik des Zuhörers (Kritikers –) einübe, heißt verlangen, daß er sich und seine schöpferische Kraft verarme ... Es ist hier wie bei der Differenz der Geschlechter: man soll vom Künstler, der giebt, nicht verlangen, daß er Weib wird, – daß er »empfängt«.

Unsre Ästhetik war insofern bisher eine Weibs–Ästhetik, als nur die Empfänglichen für Kunst ihre Erfahrungen »was ist schön?« formulirt haben. In der ganzen Philosophie bis heute fehlt der Künstler...Das ist, wie das Vorhergehende andeutete, ein nothwendiger Fehler: denn der Künstler, der anfienge, sich zu begreifen, würde sich damit vergreifen, – er hat nicht zurück zu sehen, er hat überhaupt nicht zu sehen, er hat zu geben. – Es ehrt einen Künstler, der Kritik unfähig zu sein, – andernfalls ist er halb und halb, ist er »modern«.

811

[March–June 1888]

It is exceptional states that condition the artist —all of them profoundly related to and interlaced with morbid phenomena —so it seems impossible to be an artist and not to be sick.

Physiological states that are in the artist as it were molded into a "personality" and that characterize men in general to some degree:

1) Intoxication: the feeling of enhanced power; the inner need to make of things a reflex of one's own fullness and perfection;

2) The extreme sharpness of certain senses, so they understand a quite different sign language —and create one —the condition that

seems to be a part of many nervous disorders—; extreme mobility that turns into an extreme urge to communicate; the desire to speak on the part of everything that knows how to make signs—; a need to get rid of oneself, as it were, through signs and gestures; ability to speak of oneself through a hundred speech media —an explosive condition. One must first think of this condition as a compulsion and urge to get rid of the exuberance of inner tension through muscular activity and movements of all kinds; then as an involuntary co-ordination between this movement and the processes within (images, thoughts, desires) -as a kind of automatism of the whole muscular system impelled by strong stimuli from within—; inability to prevent reaction; the system of inhibitions suspended, as it were. Every inner movement (feeling, thought, affect) is accompanied by vascular changes and consequently by changes in color, temperature, and secretion. The suggestive power of music, its "suggestion mentale";—

3) The compulsion to imitate: an extreme irritability through which a given example becomes contagious —a state is divined on the basis of signs and immediately enacted— An image, rising up within, immediately turns into a movement of the limbs —a certain suspension of the will —(Schopenhauer!!!) A kind of deafness and blindness towards the external world —the realm of admitted stimuli is sharply defined.

This is what distinguishes the artist from laymen (those susceptible to art): the latter reach the high point of their susceptibility when they receive; the former as they give —so that an antagonism between these two gifts is not only natural but desirable. The perspectives of these two states are opposite: to demand of the artist that he should practice the perspective of the audience (of the critic—) means to demand that he should impoverish himself and his creative power— It is the same here as with the difference between the sexes: one ought not to demand of the artist, who gives, that he should become a woman —that he should receive.

Our aesthetics hitherto has been a woman's aesthetics to the extent that only the receivers of art have formulated their experience of "what is beautiful?" In all philosophy hitherto the artist is lacking—

This, as the foregoing indicates, is a necessary mistake; for the artist who began to understand himself would misunderstand himself: he ought not to look back, he ought not to look at all, he ought to give.—

It is to the honor of an artist if he is unable to be a critic –otherwise he is half and half, he is "modern".

811
［1888 年 3 月至 6 月］

决定艺术家的正是例外状态——所有这些状态均与病态现象深刻关联且相互融合，因此作为一名艺术家又没有病看来是不可能的。

那些仿佛被植入艺术家的"个性"和以任意某种程度存在于一般人身上的生理状态：

1）醉：被增强的强力感；内在地强迫以事物来反映自身的充实和完满。

2）某些感官的极度敏锐：以至它们能够理解一种完全不同的符号语言，并且创造这种语言。这种语言看起来与某些神经疾病相关；那种可以转化成一种极端交流性的极端灵敏；谈论一切能够制造符号之物的欲望；一种似乎通过符号和姿势从而摆脱自我的需求；通过上百种言说媒介来谈论自身的能力———种爆发的状态。必须首先将这种状态想象成一种通过各种肌肉活动和灵敏性以释放充溢的内在紧张的驱迫和冲动；然后想象成对这种运动和内在诸过程（图像、思想、欲望）的非自愿协调，想象成由于内部强烈刺激的驱使而造成的整个肌肉系统的一种自动化；无力阻止反应；抑制系统仿佛被悬置起来。每一种内在运动（感觉、思想、情绪）都伴随着血管的变化，接着是颜色、温度和分泌的变化。音乐之启发性的力量，它的"精神启发性"[1]。

3）模仿的冲动：一种极端的应激性，此时某一个既定的模范透露出传染性——根据符号即可预测并呈现的某一状态——一幅内心冉冉升起的图像，已经转化为肢体的运动——意志的某种悬置（叔本华！！！）———种对于外部世界的视而不见、充

---

1. 原文为法文"suggestion mentale"。——译者注

THE WILL TO POWER AS ART　043

耳不闻——允许的刺激范围被严格地加以限定。

这是艺术家和外行（艺术的接受者）的区分，后者在接受中到达他易感性的巅峰；前者则是在给予中。因此这两种资质之间的对抗不仅是自然的，也是值得期待的。这两种状态的视角是相反的：要求艺术家练习听众（批评家）的视角，即意味着要求他使自身及其创造力变得枯竭——这就与两性差别相同；不应当要求那些从事给予的艺术家，成为女人——即要求他应当接受。

我们的美学迄今为止还是一种女人的美学，仅仅是艺术的接受者们关于"什么是美的"的经验表述。在全部哲学之中，艺术家迄今依然匮乏。正如前文所指，这是一个必然的错误。对于艺术家而言，开始理解自身即将误解自身：他不应该回头观望，他根本就不应该看，他应当给予。对一位艺术家来说，批评无能是他的荣耀，如若不然，他就是一半一半，他是"现代的"。

812.

Ich setze hier eine Reihe psychologischer Zustände als Zeichen vollen und blühenden Lebens hin, welche man heute gewohnt ist, als krankhaft zu beurtheilen. Nun haben wir inzwischen verlernt, zwischen gesund und krank von einem Gegensatze zu reden: es handelt sich um Grade, – meine Behauptung in diesem Falle ist, daß, was heute »gesund« genannt wird, ein niedrigeres Niveau von Dem darstellt, was unter günstigen Verhältnissen gesund wäre –, daß wir relativ krank sind...Der Künstler gehört zu einer noch stärkeren Rasse. Was uns schon schädlich, was bei uns krankhaft wäre ist bei ihm Natur – – Aber man wendet uns ein, daß gerade die Verarmung der Maschine die extravagante Verständnißkraft über jedwede Suggestion ermögliche: Zeugniß unsre hysterischen Weiblein.

Die Überfülle an Säften und Kräften kann so gut Symptome der partiellen Unfreiheit, von Sinnes-Hallucinationen, von Suggestions-Raffinements mit sich bringen, wie eine Verarmung an Leben –, der Reiz ist anders bedingt, die Wirkung bleibt sich gleich ... Vor Allem ist die Nachwirkung nicht dieselbe; die extreme Erschlaffung aller morbiden Naturen nach ihren Nerven-Excentricitäten hat Nichts mit den Zuständen des Künstlers gemein: der seine guten Zeiten nicht abzubüßen hat ... Er ist reich genug dazu: er kann verschwenden, ohne arm zu werden.

Wie man heute »Genie« als eine Form der Neurose beurtheilen dürfte, so vielleicht auch die künstlerische Suggestiv-Kraft, – und unsre Artisten sind in der That den hysterischen Weiblein nur zu verwandt!!! Das aber spricht gegen »heute«, und nicht gegen die »Künstler«.

Die unkünstlerischen Zustände: die der Objektivität, der Spiegelung,

des ausgehängten Willens... (das skandalöse Mißverständniß
Schopenhauer's, der die Kunst als Brücke zur Verneinung des
Lebens nimmt)... Die unkünstlerischen Zustände: der Verarmenden,
Abziehenden, Abblassenden, unter deren Blick das Leben leidet: – der
Christ.

812

[March–June 1888]

I set down here a list of psychological states as signs of a full and
flourishing life that one is accustomed today to condemn as morbid. For
by now we have learned better than to speak of healthy and sick as of
an antithesis: it is a question of degrees. My claim in this matter is that
what is today called "healthy" represents a lower level than that which
under favorable circumstances would be healthy —that we are relatively
sick—The artist belongs to a still stronger race. What would be harmful
and morbid in us, in him is nature— But one objects to us that it is
precisely the impoverishment of the machine that makes possible
extravagant powers of understanding of every kind of suggestion:
witness our hysterical females.

An excess of sap and force can bring with it symptoms of partial
constraint, of sense hallucinations, susceptibility to suggestion, just as
well as impoverishment of life: the stimulus is differently conditioned,
the effect remains the same— But the after effect is not the same;
the extreme exhaustion of all morbid natures after their nervous
eccentricities has nothing in common with the states of the artist, who
does not have to atone for his good periods— He is rich enough for
them: he is able to squander without becoming poor.

As one may today consider "genius" as a form of neurosis, so
perhaps also the artistic power of suggestion — and indeed our artists
are painfully like hysterical females!!! But that is an objection to
"today", not to "artists".

Inartistic states: those of objectivity, mirroring, suspended will —
(Schopenhauer's scandalous misunderstanding when he took art for a

bridge to the denial of life)— Inartistic states: among those who become impoverished, withdraw, grow pale, under whose eyes life suffers: –the Christian.

812

［ 1888 年 3 月至 6 月 ］

我在此所列出的一系列心理状态，是充实的和繁荣的生命的符号，今天的人们则习惯于将其称为病态的。我们现已不再将健康与病态作为一种对立加以谈论：它是程度的问题。我对此的看法是，今天所谓的"健康"，是在有利条件下才会出现的健康的较低水平的呈现——我们是相对病态的。

艺术家属于更加强壮的种族。对我们是有害的和病态的，在他那里却是自然。但是有人会反驳我们说，正是机器的失灵才造就了对每一种启发暗示的奇特理解力：我们那歇斯底里的女人们便是见证。

血气和活力的充盈能够带来局部压抑、感官幻觉、对启发暗示敏感的症状，正如生命的枯竭一样，刺激所依据的条件不同，而效果却是一样的……然而随后的效果却是不同的；由于神经发生偏心移位所造成的各种病态天性的极度萎缩，与艺术家的状态毫无共同之处，后者无须为其美好时光赎罪——他富裕到可以挥霍而不会穷竭潦倒的程度。

正如今天人们可以将"天才"视为神经官能症的一种形式，因此也许艺术的启发性力量也同样如此，而且我们的艺术家们其实一如那些歇斯底里的女性们！！！但这是对"今天"的反对，而不是针对"艺术家们"。

非艺术的状态：客观的、镜像的、被悬置的意志（当叔本华将艺术当作通向生命之否定的桥梁时，那是骇人的误解）的状态。非艺术的状态：那些走向枯竭的、退避的、苍白的状态，从这些状态的视角出发，生命是受苦的：基督徒。

---

1. 此处的 "artists" 是针对力量不足者所使用的嘲讽用语。——译者注

813.

Der moderne Künstler, in seiner Physiologie dem Hysterismus nächstverwandt, ist auch als Charakter auf diese Krankhaftigkeit hin abgezeichnet. Der Hysteriker ist falsch, – er lügt aus Lust an der Lüge, er ist bewunderungswürdig in jeder Kunst der Verstellung –, es sei denn, daß seine krankhafte Eitelkeit ihm einen Streich spielt. Diese Eitelkeit ist wie ein fortwährendes Fieber, welches Betäubungsmittel nöthig hat und vor keinem Selbstbetrug, vor keiner Farce zurückschreckt, die eine augenblickliche Linderung verspricht, (Unfähigkeit zum Stolz und beständig Rache für eine tief eingenistete Selbstverachtung nöthig zu haben – das ist beinahe die Definition dieser Art von Eitelkeit.)

Die absurde Erregbarkeit seines Systems, die aus allen Erlebnissen Krisen macht und das »Dramatische« in die geringsten Zufälle des Lebens einschleppt, nimmt ihm alles berechenbare: er ist keine Person mehr, höchstens ein Rendezvous von Personen, von denen bald diese, bald jene mit unverschämter Sicherheit herausschießt. Eben darum ist er groß als Schauspieler: alle diese armen Willenlosen, welche die Ärzte in der Nähe studiren, setzen in Erstaunen durch ihre Virtuosität der Mimik, der Transfiguration, des Eintretens in fast jeden verlangten Charakter.

813

[1888]

The modern artist, in his physiology next-of-kin to the hysteric, is also distinguished by this morbidity as a character. The hysteric is false —he lies from pleasure of lying, he is admirable in every art of dissimulation[1]—unless his morbid vanity plays a trick on him. This vanity is like a continual fever that requires narcotics and does not

---

1. 德文为 Zufälle des Lebens，英文可译为 coincidence of life，作 "生活之巧合" 更符合
上下文语境。——译者注

shrink from any self-deception, any farce, that promises momentary relief. (Incapacity for pride and the continual need for revenge for a deeply ingrained self-contempt —this is almost the definition of this kind of vanity.)

The absurd irritability of his system, which turns all experiences into crises and introduces the "dramatic" into the smallest accidents of life, robs him of all calculability: he is no longer a person, at most a rendezvous of persons and now this one, now that one shoots forward with shameless assurance. Precisely for this reason, he is great as an actor: all these poor will-less people whom doctors study so closely astonish one with their virtuosity in mimicry, transfiguration, assumption of almost any desired character.

813

[1888 年]

现代艺术家就生理学而言与歇斯底里症最为接近，而他的病态也正是作为一种特征而使其与众不同。歇斯底里是假的——他因撒谎有乐趣而撒谎，他于每一种伪装的艺术中都是令人钦佩的，除非他病态的虚荣心将其愚弄。此虚荣心就像一种需要麻醉剂的持续不断的狂热，任何自我欺骗或承诺暂时缓解的闹剧都不能使它退却（无力骄傲以及出于根深蒂固的自卑的报复——这几乎就是此类虚荣心的定义）。

其系统之荒谬的烦躁不安，将所有的经验都转化为危机，并且将"戏剧性"导入最细微的生活之巧合中，从他那里夺走一切可预测性：他不再是一个人，而是各种角色的聚合，带着狂妄自负此起彼伏地出镜。正是由此原因，他像演员一样伟大：所有这些医生紧密地研究着的可怜的无意志者们，用他们的模仿、升华以及对几乎任何可欲求性格的担当的精湛技艺让人惊叹。

814.

814.

Künstler sind nicht die Menschen der großen Leidenschaft, was sie uns und sich auch vorreden mögen. Und das aus zwei Gründen: es fehlt ihnen die Scham vor sich selber (sie sehen sich zu, indem sie leben; sie lauern sich auf, sie sind zu neugierig) und es fehlt ihnen auch die Scham vor der großen Leidenschaft (sie beuten sie als Artisten aus). Zweitens aber ihr Vampyr, ihr Talent, mißgönnt ihnen meist solche Verschwendung von Kraft, welche Leidenschaft heißt. – Mit einem Talent ist man auch das Opfer seines Talents: man lebt unter dem Vampyrismus seines Talents.

Man wird nicht dadurch mit seiner Leidenschaft fertig, daß man sie darstellt: vielmehr, man ist mit ihr fertig, wenn man sie darstellt. (Goethe lehrt es anders; aber es scheint, daß er hier sich selbst mißverstehen wollte, – aus delicatezza.)

814

[Spring–Fall 1887; rev. Spring–Fall 1888]

Artists are not men of great passion, whatever they may like to tell us and themselves. And this for two reasons: they lack any sense of shame before themselves (they observe themselves while they live; they spy on themselves, they are too inquisitive) and they also lack any sense of shame before great passion (they exploit it as artists). Secondly, however, their vampire, their talent, grudges them as a rule that squandering of force which one calls passion. — If one has a talent, one is also its victim: one lives under the vampirism of one's talent.

One does not get over a passion by representing it: rather, it is over when one is able to represent it. (Goethe teaches otherwise; but here it seems that he wanted to misunderstand himself — from delicatezza.)

[1887 年春至秋，修订于 1888 年春至秋]

艺术家并非拥有伟大激情的人，不论他们想要告诉我们和他们自己什么。理由有二：他们缺乏面对自己的羞耻感（他们活着，是为了观察自身；他们窥探自身，因为他们太过好奇）；他们还缺乏在伟大激情面前的羞耻感（他们作为艺术家剥削了它）。但其次，他们的榨取才能、他们的天赋通常并不乐见这种力量的浪费，而这种浪费被称为激情。拥有天赋的人是天赋的受害者：人们生活在对自身才能的榨取之中。

人们不会通过表现激情来制服激情：当人们能够表现它时，就会与之形同陌路（这与歌德所教导的不同；但是他似乎在这里想要从细微之处 [1] 误解自身）。

1.delicatezza 是意大利语，音乐术语，意为细致的。——译者注

815.

815.

Zur Vernunft des Lebens. – Eine relative Keuschheit, eine grundsätzliche und kluge Vorsicht vor Eroticis selbst in Gedanken, kann zur großen Vernunft des Lebens auch bei reich ausgestatteten und ganzen Naturen gehören. Der Satz gilt in Sonderheit von den Künstlern, er gehört zu deren bester Lebens–Weisheit. Völlig unverdächtige Stimmen sind schon in diesem Sinne laut geworden: ich nenne Stendhal, Th. Gautier, auch Flaubert. Der Künstler ist vielleicht seiner Art nach mit Nothwendigkeit ein sinnlicher Mensch, erregbar überhaupt, zugänglich in jedem Sinne, dem Reize, der Suggestion des Reizes schon von fern her entgegenkommend. Trotzdem ist er im Durchschnitt, unter der Gewalt seiner Aufgabe, seines Willens zur Meisterschaft, thatsächlich ein mäßiger, oft sogar ein keuscher Mensch. Sein dominirender Instinkt will es so von ihm: er erlaubt ihm nicht, sich auf diese oder jene Weise auszugeben. Es ist ein und dieselbe Kraft, die man in der Kunst– Conception und die man im geschlechtlichen Actus ausgiebt: es giebt nur Eine Art Kraft. Hier zu unterliegen, hier sich zu verschwenden ist für einen Künstler verrätherisch: es verräth den Mangel an Instinkt, an Wille überhaupt, es kann ein Zeichen von décadence sein, – es entwerthet jedenfalls bis zu einem unausrechenbaren Grade seine Kunst.

815

[Summer–Fall 1888]

The rationale of life.— A relative chastity, a prudent caution on principle regarding erotic matters, even in thought, can belong to the grand rationale of life even in richly endowed and complete natures. This principle applies especially to artists; it is part of their best wisdom of life. Completely non–suspect voices have lent support to this opinion: I name Stendhal and Th. Gautier, also Flaubert. The artist is perhaps necessarily a sensual man, generally excitable, susceptible in every sense to stimuli, meeting the very suggestion of a stimulus halfway even from afar. This notwithstanding, he is on the average, under the pressure of his task, of his will to mastery, actually moderate, often even chaste. His dominant instinct demands this of him: it does not permit him to expend himself in any casual way. The force that one expends in artistic conception is the same as that expended in the sexual act: there is only one kind of force. An artist betrays himself if he succumbs here, if he squanders himself here: it betrays a lack of instinct, of will in general; it can be a sign of decadence —in any case, it devalues his art to an incalculable degree.

815

[1888 年夏至秋]

生命的理性。——一种相对的贞洁，一种对情色事物之原则的谨慎机警，甚至包括思想，都属于拥有丰盈赠予和完全本性的生命的伟大理性。此原则尤其适用于艺术家们，这是他们最优秀的生命智慧之一。在这种意义上，诸多根本无可置疑的声音如雷贯耳，如司汤达、戈蒂埃，还有福楼拜。艺术家或许就其类型而言必须是感性的人，十足易感的，在任何感官上对刺激及其带来的启发暗示抱有一种由远及近的迎合开放的态度。尽管如此，他在其使命和征服意志的压力下，实际上是一个适度的，甚至常常是洁身自好的人。他的主宰本能如此要求他：它不允许他以任何实际方式耗尽自身。艺术观念中消耗的力量与性行为耗费的力量是同一个力量：只有一种力量。此时如若屈服，挥霍自身，对艺术家而言便意味着暴露：它暴露了本能的匮乏，一般意志的匮乏；它会是颓废的一种标志——不论如何，它都将他的艺术贬值至一种无法估量的程度。

816.

Verglichen mit dem Künstler, ist das Erscheinen des wissenschaftlichen Menschen in der That ein Zeichen einer gewissen Eindämmung und Niveau–Erniedrigung des Lebens (– aber auch einer Verstärkung, Strenge, Härte, Willenskraft).

Inwiefern die Falschheit, die Gleichgültigkeit gegen Wahr und Nützlich beim Künstler Zeichen von Jugend, von »Kinderei« sein mögen... Ihre habituelle Art, ihre Unvernünftigkeit, ihre Ignoranz über sich, ihre Gleichgültigkeit gegen »ewige Werthe«, ihr Ernst im »Spiele«, – ihr Mangel an Würde; Hanswurst und Gott benachbart; der Heilige und die Canaille... Das Nachmachen als Instinkt, commandirend. – Aufgangs-Künstler – Niedergangs–Künstler: ob sie nicht allen Phasen zugehören?...Ja!

816

[March–June 1888]

Compared with the artist, the appearance of the scientific man is actually a sign of a certain damming–up and lowering of the level of life (—but also of strengthening, severity, hardness, will power).

To what extent falsity, indifference to truth and utility may be signs of youth, of "childishness," in an artist— Their habitual manner, their unreasonableness, their ignorance about themselves, their indifference to "eternal values", their seriousness in "play", —their lack of dignity; buffoon and god side by side; saint and canaille— Imitation as an instinct, commanding. —Artists of ascending life –artists of declining life: do they not belong to all phases? — Yes!

与艺术家相比较，科学家的出现实际上是一种生命水平的堵塞和降低的标志（但也是强力化、严肃性、坚硬度、意志力）。

在什么程度上，虚假性、对真实和功用的漠然可以是一位艺术家的年轻、"幼稚"的标志呢——他们习惯的方式、他们的毫无理性、他们对自身的无知、他们对于永恒价值的漠然、他们在"游戏"中的严肃——他们尊严的缺乏；小丑与上帝相邻；圣人与痞子流氓——模仿作为本能，在命令。——生命之上升的艺术家——生命之下降的艺术家：他们不是见诸所有阶段吗？——是的！

817.

Würde irgend ein Ring in der ganzen Kette von Kunst und Wissenschaft fehlen, wenn das Weib, wenn das Werk des Weibes darin fehlte? Geben wir die Ausnahme zu – sie beweist die Regel – das Weib bringt es in Allem zur Vollkommenheit, was nicht ein Werk ist, in Brief, in Memoiren, selbst in der delikatesten Handarbeit, die es giebt, kurz in Allem, was nicht ein Metier ist, genau deshalb, weil es darin sich selbst vollendet, weil es damit seinem einzigen Kunst–Antrieb gehorcht, den es besitzt, – es will gefallen... Aber was hat das Weib mit der leidenschaftlichen Indifferenz des echten Künstlers zu schaffen, der einem Klang, einem Hauch, einem Hopsasa mehr Wichtigkeit zugesteht, als sich selbst? der mit allen fünf Fingern nach seinem Geheimsten und Innersten greift? der keinem Dinge einen Werth zugesteht, es sei denn, daß es Form zu werden weiß (– daß es sich preisgiebt, daß es sich öffentlich macht –). Die Kunst, so wie der Künstler sie übt – begreift ihr's denn nicht, was sie ist: ein Attentat auf alle pudeurs?... Erst mit diesem Jahrhundert hat das Weib jene Schwenkung zur Litteratur gewagt (– vers la canaille plumière écrivassière, mit dem alten Mirabeau zu reden): es schriftstellert, es künstlert, es verliert an Instinkt. Wozu doch? wenn man fragen darf.

817

[Spring–Fall 1887; rev. Spring–Fall 1888]

Would any link at all be missing in the chain of art and science if woman, if the works of women were missing? Admitting exceptions –they prove the rule –woman attains perfection in everything that is not a work: in letters, in memoirs, even in the most delicate handiwork, in short in everything that is not a métier– precisely because in these things she perfects herself, because she here obeys the only artistic impulse she has –she wants to please–

But what has woman to do with the passionate indifference of the true artist, who assigns more importance to a sound, a breath, a heyday! than to himself? who strains with every finger to reach his innermost secrets? who accords no value to anything that cannot become form (–that cannot surrender itself, make itself public–). Art as it is practiced by the artist –do you not grasp what it is: an attempt to assassinate all pudeurs?

Only in this century has woman ventured to turn to literature (–vers la canaille plumière écrivassière, in the words of old Mirabeau): she dabbles in writing, she dabbles in art, she is losing her instincts. But why? if one may ask.

817

[1887 年春至秋，修订于 1888 年春至秋]

如果缺少了女人，缺少了女人的工作的话，艺术和科学之链是否会遗失一环呢？假如承认例外——它们证明规则——女人在所有不是工作的事情中皆达到完美：在书信中、在回忆录中，甚至在最细腻的手工之中，简而言之，在所有非职业的事情中，之所以如此，恰恰因为在这些事情中，她使自身完美，因为她在此遵从其唯一的艺术驱动力——她想取悦。

但是女人与真正艺术家们的热烈的冷漠有何干系呢？真正的艺术家是那些认为一种声音、一丝呼吸、一次呼喊[1]比其自身更重要的人，那些竭尽全力去触碰内心最深处的秘密的人，那些不肯赋予任何不能成形之物以价值的人（不能交出自身之物，不能公开化之物）。艺术，正如艺术家所做的那样——你是否尚未把握住它是什么：一种对所有羞涩的行刺？

仅从本世纪开始，女人才敢转向文学（以老米拉波的话说就是转向好舞文弄墨的痞子流氓[2]）：她在写作中玩弄，她在艺术中玩弄，她失去其本能。如果可以问的话，这是为何啊？

---

1. 原文为 Hopsasa，出自歌剧《魔笛》中捕鸟人的一句台词，拟声表达一种喜悦的呐喊，在此翻译为呐喊。——译者注
2. 原文为法文，la canaille plumière écrivassière。

818.

Man ist um den Preis Künstler, daß man Das, was alle Nichtkünstler »Form« nennen, als Inhalt, als »die Sache selbst« empfindet. Damit gehört man freilich in eine verkehrte Welt: denn nunmehr wird einem der Inhalt zu etwas bloß Formalem, – unser Leben eingerechnet.

818

[Nov. 1887–March 1888]

One is an artist at the cost of regarding that which all nonartists call "form" as content, as "the matter itself." To be sure, then one belongs in a topsy–turvy world: for henceforth content becomes something merely formal —our life included.

818

[1881 年 11 月至 1888 年 3 月]

一位艺术家是以将所有非艺术家们称为"形式"的东西感受为内容、感受为"事情本身"作为代价的。如此这般地，他当然就属于一种颠倒了的世界：因为从此内容便成为仅仅是形式性的东西，包括我们的生命。

819.

Der Sinn und die Lust an der Nuance (– die eigentliche Modernität), an Dem, was nicht generell ist, läuft dem Triebe entgegen, welcher seine Lust und Kraft im Erfassen des Typischen hat: gleich dem griechischen Geschmack der besten Zeit. Ein Überwältigen der Fülle des Lebendigen ist darin, das Maaß wird Herr, jene Ruhe der starken Seele liegt zu Grunde, welche sich langsam bewegt und einen Widerwillen vordem Allzu-Lebendigen hat. Der allgemeine Fall, das Gesetz wird verehrt und herausgehoben: die Ausnahme wird umgekehrt beiseite gestellt, die Nuance weggewischt. Das Feste, Mächtige, Solide, das Leben, das breit und gewaltig ruht und seine Kraft birgt – das »gefällt«: d. h. das correspondirt mit Dem, was man von sich hält.

819

[1883–1888]

A sense for and a delight in nuances (—the real mark of modernity), in that which is not general, runs counter to the drive that delights and excels in grasping the typical: like the Greek taste of the best period. There is an overpowering of the fullness of life in it; measure becomes master; at bottom there is that calm of the strong soul that moves slowly and feels repugnance toward what is too lively. The general rule, the law, is honored and emphasized: the exception, conversely, is set aside, the nuance obliterated. The firm, powerful, solid, the life that reposes broad and majestic and conceals its strength —that is what "pleases"; i.e., that corresponds to what one thinks of oneself.

对细微之处以及对非普遍之物的感受和愉悦（现代性的真正标示），与攫住典型的满溢与愉悦的驱力背道而驰，一如鼎盛时期的希腊品位。

一种生命的充实有待在此被克服；尺度成为主人；强大心灵的平静作为基底，在缓慢移动着，并对太过有生命力的东西感觉到厌恶。一般情形、法律受到尊重和强调：特例，相反地，则被放置一边，细微之处被抹去。

坚实的、有力的、坚固的，宽广而雄伟并潜伏其力量的生命——这正是"愉悦"，即对应着如此看待自身的人。

820.

In der Hauptsache gebe ich den Künstlern mehr Recht als allen Philosophen bisher: sie verloren die große Spur nicht, auf der das Leben geht, sie liebten die Dinge »dieser Welt«, – sie liebten ihre Sinne. »Entsinnlichung« zu erstreben: das scheint mir ein Mißverständniß oder eine Krankheit oder eine Cur, wo sie nicht eine bloße Heuchelei oder Selbstbetrügerei ist. Ich wünsche mir selber und allen Denen, welche ohne die Ängste eines Puritaner–Gewissens leben – leben dürfen, eine immer größere Vergeistigung und Vervielfältigung ihrer Sinne; ja wir wollen den Sinnen dankbar sein für ihre Feinheit, Fülle und Kraft und ihnen das Beste von Geist, was wir haben, dagegen bieten. Was gehen uns die priesterlichen und metaphysischen Verketzerungen der Sinne an! Wir haben diese Verketzerung nicht mehr nöthig: es ist ein Merkmal der Wohlgerathenheit, wenn Einer, gleich Goethe, mit immer größerer Lust und Herzlichkeit an »den Dingen der Welt« hängt: – dergestalt nämlich hält er die große Auffassung des Menschen fest, daß der Mensch der Verklärer des Daseins wird, wenn er sich selbst verklären lernt.

820
[1885]

In the main, I agree more with the artists than with any philosopher hitherto: they have not lost the scent of life, they have loved the things of "this world" —they have loved their senses. To strive for "desensualization": that seems to me a misunderstanding or an illness or a cure, where it is not merely hypocrisy or self–deception. I desire for myself and for all who live, may live, without being tormented by a puritanical conscience, an ever greater spiritualization and multiplication of the senses; indeed, we should be grateful to the senses for their subtlety, plenitude, and power and offer them in return the best we have in the way of spirit. What are priestly and metaphysical calumnies against the senses to us! We no longer need these calumnies: it is a sign that one has turned out well when, like Goethe, one clings with ever-greater pleasure and warmth to the "things of this world": —for in this way he holds firmly to the great conception of man, that man becomes the transfigurer of existence when he learns to transfigure himself.

820
[1885 年]

　　大致而言，比起迄今为止的任何哲学家，我是更加赞同艺术家的：他们没有失去生命赖以前行的车辙，他们爱着"这个世界"的事物——他们爱着他们的感官。追求"去感官化"，在我看来即是一种误解或疾病，或是在并非仅仅是虚伪或自欺之时的一剂药方。我为自己以及不在清教徒的良知折磨下生活着，而又被允许活着的人们，期盼一种感官上愈发显著的脱俗和丰富；的确，我们应当感激感官的微妙、充实与力量，并向其回馈以我们精神中最好的部分。神父和形而上学对我们感官的诽谤是在攻击什么？我们已经不再需要这种诽谤：当一个人，像歌德那样，带着日益增长的愉悦和诚挚倾心于"这个世界的事物"之时，是一种发育良好的标志，如此他就牢牢抓住了关于人的伟大观念，即当人学会升华自身时，人便成为生命的升华者。

821.

Pessimismus in der Kunst? – Der Künstler liebt allmählich die Mittel um ihrer selber willen, indenen sich der Rauschzustand zu erkennen giebt: die extreme Feinheit und Pracht der Farbe, die Deutlichkeit der Linie, die Nuance des Tons: das Distinkte, wo sonst, im Normalen, alle Distinktion fehlt. Alle distinkten Sachen, alle Nuancen, insofern sie an die extremen Kraftsteigerungen erinnern, welche der Rausch erzeugt, wecken rückwärts dieses Gefühl des Rausches; – die Wirkung der Kunstwerke ist die Erregung des kunstschaffenden Zustands, des Rausches.

Das Wesentliche an der Kunst bleibt ihre Daseins– Vollendung, ihr Hervorbringen der Vollkommenheit und Fülle; Kunst ist wesentlich Bejahung, Segnung, Vergöttlichung des Daseins... Was bedeutet eine pessimistische Kunst? Ist das nicht eine contradictio? – Ja. – Schopenhauer irrt, wenn er gewisse Werke der Kunst in den Dienst des Pessimismus stellt. Die Tragödie lehrt nicht »Resignation«... Die furchtbaren und fragwürdigen Dinge darstellen ist selbst schon ein Instinkt der Macht und Herrlichkeit am Künstler: er fürchtet sie nicht... Es giebt keine pessimistische Kunst... Die Kunst bejaht. Hiob bejaht. – Aber Zola? Aber die Goncourts? – Die Dinge sind häßlich, die sie zeigen: aber daß sie dieselben zeigen, ist aus Lust an diesem Häßlichen... Hilft Nichts! ihr betrügt euch, wenn ihr's anders behauptet. – Wie erlösend ist Dostoiewsky!

821

[March–June 1888]

Pessimism in art?—The artist gradually comes to love for their own sake the means that reveal a condition of intoxication:extreme subtlety and splendor of color, definiteness of line, nuances of tone: the distinct where otherwise, under normal conditions, distinctness is lacking. All distinct things, all nuances, to the extent that they recall these extreme enhancements of strength that intoxication produces, awaken this feeling of intoxication by association: the effect of works of art is to excite the state that creates art— intoxication.

What is essential in art remains its perfection of existence, its production of perfection and plenitude; art is essentially affirmation, blessing, deification of existence– What does a pessimistic, art signify? Is it not a contradictio? —Yes.— Schopenhauer is wrong when he says that certain works of art serve pessimism. Tragedy does not teach "resignation"— To represent terrible and questionable things is in itself an instinct for power and magnificence in an artist: he does not fear them— There is no such thing as pessimistic art — Art affirms. Job affirms.— But Zola? But the Goncourts? — The things they display are ugly: but that they display them comes from their pleasure in the ugly— It's no good! If you think otherwise, you are deceiving yourselves.— How liberating is Dostoevsky!

821

[1888 年 3 月至 6 月]

艺术中的悲观主义？——艺术家逐渐热爱上这些为了自身缘故的手段，在这些手段中能够体认出醉的状态：极度的精致和鲜艳的色彩，线条的明晰，音色的细腻：独特，在其他地方，通常情况下这种独特性是缺失的。所有独特的事情，所有的细微之处，只要它们提醒着这些由醉带来的力量的极大提升，便会唤回醉的感觉；艺术作品的效果即是去激发起那种创造艺术的、醉的状态。

艺术的实质仍在于其存在的完成，它对完满和充实的创作；艺术从本质上而言即是肯定，是祝福，是存在之神化。——悲观艺术意味着什么？它难道不是一种自相矛盾吗？——是的。——当叔本华使某些艺术作品服务于悲观主义的时候，他就错了。悲剧并非教导"听天由命"。——表现可怕和可疑的事物是艺术家的一种强力与壮丽的本能：他并不畏惧它们。——根本不存在悲观艺术。——艺术即肯定。约伯即肯定。——但是左拉呢？但是龚古尔兄弟呢？——他们展示的事情是丑的：但他们展示这些正因为他们从丑中获得乐趣——无济于事！如果你们不这样认为，你们就是在欺骗自己。——陀思妥耶夫斯基是多么有解放性啊！

Wenn meine Leser darüber zur Genüge eingeweiht sind, daß auch »der Gute« im großen Gesammt—Schauspiel des Lebens eine Form der Erschöpfung darstellt: so werden sie der Consequenz des Christenthums die Ehre geben, welche den Guten als den Häßlichen concipirte. Das Christentum hatte damit Recht.

An einem Philosophen ist es eine Nichtswürdigkeit zu sagen »das Gute und das Schöne sind Eins«; fügt er gar noch hinzu »auch das Wahre«, so soll man ihn prügeln. Die Wahrheit ist häßlich.

Wir haben die Kunst, damit wir nicht an der Wahrheit zu Grunde gehn.

822

[1888]

If my readers are sufficiently initiated into the idea that "the good man" represents, in the total drama of life, a form of exhaustion, they will respect the consistency of Christianity in conceiving the good man as ugly. Christianity was right in this.

For a philosopher to say, "the good and the beautiful are one," is infamy; if he goes on to add, "also the true," one ought to thrash him. Truth is ugly.

We possess art lest we perish of the truth.

822

[1888 年]

如果我的读者们充分进入这样一种理念之中，即"善"在生命的整个舞台剧中代表着一种耗竭的形式，他们便会接受善即丑，从而尊重基督教的统一性。基督教在此是正确的。

一个哲学家说，"善与美是同一的"，会招致轻蔑；如果他继续说，"真也是"，人们便会鞭笞他。真即是丑。

我们拥抱艺术以避免我们在真中消亡。

823.

823.

Mit der Kunst gegen die Vermoralisirung kämpfen. – Kunst als Freiheit von der moralischen Verengung und Winkel–Optik; oder als Spott über sie. Die Flucht in die Natur, wo ihre Schönheit mit der Furchtbarkeit sich paart. Conception des großen Menschen.

– Zerbrechliche, unnütze Luxus–Seelen, welche ein Hauch schon trübe macht, »die schönen Seelen«.

– Die verblichenen Ideale aufwecken in ihrer schonungslosen Härte und Brutalität, als die prachtvollsten Ungeheuer, die sie sind.

– Ein frohlockender Genuß an der psychologischen Einsicht in die Sinuosität und Schauspielerei wider Wissen bei allen vermoralisirten Künstlern.

– Die Falschheit der Kunst, – ihre Immoralität an's Licht ziehen.

– Die »idealisirenden Grundmächte« (Sinnlichkeit, Rausch, überreiche Animalität) an's Licht ziehen.

823

[Spring–Fall 1887]

The moralization of the arts. —Art as freedom from moral narrowness and corner–perspectives; or as mockery of them. Flight into nature, where its beauty is coupled with frightfulness. Conception of the great human being.

—Fragile, useless luxury souls, troubled even by a breath, "beautiful souls."

—To awaken deceased ideals in all their merciless severity and brutality, as the most magnificent monsters they are.

—A joyful delight in the psychological insight into the sinuosity and unconscious play–acting of all moralized artists.

—The falsity of art —to bring to light its immorality.

—To bring to light "basic idealizing powers" (sensuality, intoxication, superabundant animality).

823

借助艺术对抗道德化。——作为自由的艺术是越过道德之狭义性和片面视角的；或是作为对它们的嘲讽。飞入自然，其中它的美与恐怖是成对的。伟大之人的立意：

—— 脆弱、无用的奢侈的灵魂们，甚至因一丝呼吸而忧郁，"美丽的灵魂们。"

—— 唤醒消逝而去的理念，从它们所有的冷酷无情和残暴之中，好似它们是最雄伟盛大的怪物。

—— 一种对所有道德化了的艺术家们的蜿蜒和下意识的演戏之心理洞察力的欢乐喜悦。

—— 艺术的谬误——将它的非道德性曝光。

—— 将"理想化的根本强力"（感性、醉、超级丰富的动物性）公之于众。

THE WILL TO POWER AS ART   067

824.

Die moderne Falschmünzerei in den Künsten: begriffen als nothwendig, nämlich dem eigentlichsten Bedürfniß der modernen Seele gemäß. Man stopft die Lücken der Begabung, noch mehr die Lücken der Erziehung, der Tradition, der Schulung aus.

Erstens: man sucht sich ein weniger artistisches Publikum, welches unbedingt ist in seiner Liebe (– und alsbald vor der Person niederkniet). Dazu dient die Superstition unseres Jahrhunderts, der Aberglaube vom »Genie«.

Zweitens: man haranguirt die dunklen Instinkte der Unbefriedigten, Ehrgeizigen, Sich–selbst–Verhüllten eines demokratischen Zeitalters: Wichtigkeit der Attitüde.

Drittens: man nimmt die Proceduren der einen Kunst in die andere, vermischt die Absicht der Kunst mit der der Erkenntnis; oder der Kirche oder des Rassen–Interesses (Nationalismus) oder der Philosophie – man schlägt an alle Glocken auf einmal und erregt den dunklen Verdacht, daß man ein Gott sei.

Viertens: man schmeichelt dem Weibe, den Leidenden, den Empörten, man bringt auch in der Kunstnarcotica und opiatica zum Übergewicht. Man kitzelt die Gebildeten, die Leser von Dichtern und alten Geschichten.

824

[Spring–Fall 1887; rev. 1888]

Modern counterfeiting in the arts: regarded as necessary, namely as corresponding to the most characteristic needs of the modern soul.

One plugs the gaps of talent, even more the gaps in education, tradition, schooling.

First: one seeks for oneself a less artistic public, which loves unconditionally (—and soon kneels down before the person). The superstition of our century, the superstitious belief in the "genius", helps.

Second: one harangues the obscure instincts of the dissatisfied, ambitious, self-disguised spirits in a democratic age: importance of poses.

Third: one transfers the procedures of one art to the other arts, confounds the objectives of art with those of knowledge or the church or racial interests (nationalism) or philosophy —one pulls all the stops at once and awakens the dark suspicion that one may be a god.

Fourth: one flatters women, sufferers, the indignant, one makes narcotics and opiates dominant in art, too. One tickles the cultured, readers of poets and ancient stories.

824

[1887 年春至秋，修订于 1888 年]

艺术领域的现代作伪术：被看成是必需的，即回应了现代心灵最实际的需求。它[1]填补了天赋的漏洞，尤其是在教育、传统和训练中的漏洞。

第一，它为自己寻找不太艺术的公众，他们无条件地去热爱（并且迅速地跪倒在头脸人物的脚下）。这得益于我们这个世纪的迷信以及对"天才"的迷信信仰的助力。

第二，它向那些民主时代的不满的、充满野心的、披着遮羞布的人们的晦涩本能宣告：姿态的重要性。

第三，它将一种艺术的程序带入另一种艺术，将艺术的目标与知识的，或教会的，或种族利益（民族主义）的，或哲学的目标混为一谈——它毕其功于一役，唤醒那种幽深的怀疑——人即上帝。

第四，女人、受苦者、被激怒者被阿谀奉承，它也带来了麻醉剂和鸦片以主宰艺术。它让有教养者、阅读诗歌和古老故事的读者骚动不安。

---

1. 此处指"艺术领域的现代作伪术"。——译者注

825.

Die Scheidung in »Publikum« und »Cönakel«: im ersten muß man heute Charlatan sein, im zweiten will man Virtuose sein und Nichts weiter! Übergreifend über diese Scheidung unsere specifischen »Genie's« des Jahrhunderts, groß für Beides; große Charlatanerie Victor Hugo's und Richard Wagner's, aber gepaart mit soviel echtem Virtuosenthum, daß sie auch den Raffinirtesten im Sinne der Kunst selbst genug thaten. Daher der Mangel an Größe: sie haben eine wechselnde Optik, bald in Hinsicht auf die gröbsten Bedürfnisse, bald in Hinsicht auf die raffinirtesten.

825

[Spring–Fall 1887]

The division into "public hall" and "private chamber"; in the former one has to be a charlatan today, in the latter one is determined to be a virtuoso and nothing more! The specific "genius" of our century spans this division, is great in both: the great charlatanry of Victor Hugo and Richard Wagner, but coupled with so much genuine virtuosity that they satisfied even the most refined artistic connoisseurs. Hence their lack of greatness: their perspective was continually changing, now directed to the coarsest demands, now to the most refined.

825

[1887 年春至秋]

"公众大厅"与"私人处所"的区分：在前者那里，今天人们非得成为江湖骗子；而在后者那里，人们则决心成为大师，无非如此！我们这个世纪特有的"天才"超越了此区分，在二者之中皆伟大：维克多·雨果和理查德·瓦格纳的伟大骗术，但也伴随着如此之多的真正才华，以至于甚至满足了最精致的艺术鉴赏家。因此他们缺乏伟大，他们的视角不断地改变，忽而指向最粗鄙的需求，忽而转向最精致的需要。

826.

Die falsche »Verstärkung«: –

1) im Romantismus: dies beständige espressivo ist kein Zeichen von Stärke, sondern von einem Mangelgefühl;

2) die pittoreske Musik, die sogenannte dramatische, ist vor Allem leichter (ebenso wie die brutale Colportage und Nebeneinanderstellung von faits und traits im Roman des Naturalismus);

3) die »Leidenschaft« eine Sache der Nerven und der ermüdeten Seelen; so wie der Genuß an Hochgebirgen, Wüsten, Unwettern, Orgien und Scheußlichleiten, – am Massenhaften und Massiven (bei Historikern z.B.); thatsächlich giebt es einen Cultus der Ausschweifung des Gefühls (– wie kommt es, daß die starken Zeiten ein umgekehrtes Bedürfniß in der Kunst haben – nach einem Jenseits der Leidenschaft?).

4) die Bevorzugung der aufregenden Stoffe (Erotica oder Socialistica oder Pathologica): Alles Zeichen, für wen heute gearbeitet wird, für Überarbeitete und Zerstreute oder Geschwächte.

Man muß tyrannisiren, um überhaupt zu wirken.

826
[Spring–Fall 1887]

False "intensification":

1) In romanticism: this constant Espressivo is no sign of strength but of a feeling of deficiency;

2) Picturesque music, so–called dramatic music, is above all easier (as is the brutal colportage and the enumeration of faits and traits in the naturalistic novel);

3) "Passion" a matter of nerves and wearied souls; like the delight in high mountains, deserts, storms, orgies, and horrors –in the bulky and massive (e.g., on the part of historians); there actually exists a cult of orgies of feeling (—how does it happen that strong ages have an opposite need in art —a need for a realm beyond passion?)

4) Preference for exciting material (erotica or socialistica or pathologica): all signs that show for whom one is working today: for the overworked and absent–minded or enfeebled.

One has to tyrannize in order to produce any effect at all.

826
[1887 年春至秋]

错误的"强化"：

1）在浪漫主义中，这种持续地富有表现力并非强度的符号，而是一种匮乏感的标志。

2）如画的音乐，所谓的戏剧性音乐，其主要特点是更轻松（就像自然主义小说中对事实与特点的粗暴的兜售与拼凑）。

3）"激情"，神经与疲倦心灵的事务，如同身处高山、沙漠、风暴、狂欢，以及恢宏磅礴的残暴之中的享受（譬如在历史学家们那里）。其实，存在一种纵情欢乐的仪式（——强大时代如何造就对于艺术的相反需求——是对超越激情的需求吗？）。

4）对令人激动的材料的偏好（情色或社会主义或病态）：它们全是今日工作着的人们的标志，是那些过度工作的、心不在焉的或是软弱无力的人们的标志。

要取得根本的效果必须求诸暴政。

827.

Die moderne Kunst als eine Kunst zu tyrannisiren. – Eine grobe und stark herausgetriebene Logikdes Lineaments; das Motiv vereinfacht bis zur Formel: die Formel tyrannisirt. Innerhalb der Linien eine wilde Vielheit, eine überwältigende Masse, vor der die Sinne sich verwirren; die Brutalität der Farben, des Stoffes, der Begierden. Beispiele: Zola, Wagner; in geistigerer Ordnung Taine. Also Logik, Masse und Brutalität.

827
[Spring–Fall 1887]

Modern art as an art of tyrannizing —A coarse and strongly defined logic of delineation; motifs simplified to the point of formulas; the formula tyrannizes. Within the delineations a wild multiplicity, an overwhelming mass, before which the senses become confused; brutality in color, material, desires. Examples: Zola, Wagner; in a more spiritual order, Taine. Thus: logic, mass and brutality.

827
[1887 年春至秋]

现代艺术作为一种暴政的艺术——一种粗略但却明确的描述逻辑；图形被简单至公式化；正是这些公式在施行暴政。在轮廓中有一种狂野的多重性，一种压倒性的混沌，面对它们诸感官变得错乱；色彩、质料、欲望的残暴，如左拉、瓦格纳；在更加精神性的秩序之中，如丹纳。因此，逻辑，大量和残暴。

828.

828.

In Hinsicht auf die Maler: tous ces modernes sont des poètes qui ont voulu être peintres. L'un a cherché des drames dans l'histoire, l'autre des scènes de moeurs, celui-ci traduit des religions, celui-là une philosophie. Jener ahmt Raffael nach, ein Anderer die ersten italienischen Meister; die Landschafter verwenden Bäume und Wolken, um Oden und Elegien zu machen. Keiner ist einfach Maler; alle sind Archäologen, Psychologen, In-Scene-Setzer irgend welcher Erinnerung oder Theorie. Sie gefallen sich an unsrer Erudition, an unsrer Philosophie. Sie sind, wie wir, voll und übervoll von allgemeinen Ideen. Sie lieben eine Form nicht um Das, was sie ist, sondern um Das, was sie ausdrückt. Sie sind die Söhne einer gelehrten, gequälten und reflektirenden Generation – tausend Meilen weit von den alten Meistern, welche nicht lasen und nur daran dachten, ihren Augen ein Fest zu geben.

828
[1883-1888]

In regard to painters: tous ces modernes sont des poètes qui ont voulu être peintres. L'un a cherché des drames dans l'histoire, l'autre des scènes de moeurs, celui-ci traduit des religions, celui-là une philosophie. One imitates Raphael, another the early Italian masters; landscape artists employ trees and clouds to make odes and elegies. No one is simply a painter; all are archaeologists, psychologists, theatrical producers of this or that recollection or theory. They enjoy our erudition, our philosophy. Like us, they are full and overfull of general ideas. They like a form, not for the sake of what it is, but for the sake of what it expresses. They are sons of a scholarly, tormented, and reflective generation —a thousand miles removed from the old masters, who did not read and only thought of feasting their eyes.

828

关于画家：所有这些现代者们都是原本想成为画家的诗人。有的在历史之中寻找戏剧，有的则寻找礼仪性的场面，这一位翻译宗教，那一位则翻译哲学。[1]一个模仿拉斐尔，另一个模仿的则是早期的意大利大师们；风景画艺术家们使用树和云来创作颂歌与哀歌。没有哪一位仅是画家，全部都是考古学家、心理学家、这种或者那种回忆或理论的导演。他们喜爱我们的博学、我们的哲学。就像我们一样，他们充满并且过分充满着普遍观念。他们喜欢一种形式，并非由于形式本身之故，而是为着形式所表达的东西。他们是博学的、受过折磨的，以及反思性的一代人的子嗣——与那些并不阅读而仅仅想着为其眼睛提供宴饮的古代大师们相距千里。

----

1. 此部分原文为法语。——译者注

829.

829.

Im Grunde ist auch Wagner's Musik noch Litteratur, so gut es die ganze französische Romantik ist: der Zauber des Exotismus (fremder Zeiten, Sitten, Leidenschaften), ausgeübt auf empfindsame Eckensteher. Das Entzücken beim Hineintreten in das ungeheure ferne ausländische vorzeitliche Land, zu dem der Zugang durch Bücher führt, wodurch der ganze Horizont mit neuen Farben und Möglichleiten bemalt war ... Die Ahnung von noch ferneren unaufgeschlossenen Welten; der dédain gegen die Boulevards ... Der Nationalismus nämlich, man lasse sich nicht täuschen, ist auch nur eine Form des Exotismus ... Die romantischen Musiker erzählen, was die exotischen Bücher aus ihnen gemacht haben: man möchte gern Exotica erleben, Leidenschaften im florentinischen und venetianischen Geschmack: zuletzt begnügt man sich, sie im Bilde zu suchen... Das Wesentliche ist die Art von neuer Begierde, ein Nachmachen–wollen, Nachleben–wollen, die Verkleidung, die Verstellung der Seele ... Die romantische Kunst ist nur ein Nothbehelf für eine manquirte »Realität«.

Der Versuch, Neues zu thun: Revolution, Napoleon. Napoleon, die Leidenschaft neuer Möglichleiten der Seele, die Raumerweiterung der Seele.

Ermattung des Willens; umso größere Ausschweifung in der Begierde, Neues zu fühlen, vorzustellen, zu träumen, – Folge der exzessiven Dinge, die man erlebt hatte: Heißhunger nach excessiven Gefühlen... Die fremden Litteraturen boten die stärksten Würzen.

Fundamentally, even Wagner's music is still literature, no less than the whole of French romanticism: the charm of exoticism (strange times, customs, passions), exercised on sentimental stay-at-homes. The delight of entering the vastly distant foreign prehistoric land, accessible only through books, and of finding the whole horizon painted with new colors and possibilities—

The intuition of yet more distant, unexplored worlds; disdain for the boulevards — For nationalism, let us not deceive ourselves, is merely another form of exoticism —

Romantic musicians relate what exotic books have made of them: one would like to experience exotic things, passions after the Florentine and Venetian taste: in the end one contents oneself with seeking them in pictures — The essential thing is the type of new desire, the wish to imitate and to experience the lives of others, disguise, dissimulation of the soul — Romantic art is only a makeshift substitute for a defective "reality."

The attempt to do new things: revolution, Napoleon. Napoleon, the passion of new possibilities of the soul, an expansion of the soul.

Weariness of will; all the greater excesses in the desire to feel, imagine, and dream new things— consequence of the excesses one has experienced: hunger for excessive feelings — Foreign literatures offered the strongest spices.

829
[1888 年]

从根本上说，甚至连瓦格纳的音乐也还是文学，整个法国的浪漫派也不外如是：异国情调的魅力（陌生的时代、习俗、激情），在深居简出又多愁善感的人身上发生着作用。沉迷于通过书本进入巨大的、遥远的、异域的远古国家，从而以新的色彩和可能性去描绘整个地平线——对更加遥远的尚未探索的世界的获悉；对通俗喜剧的鄙夷——至于民族主义，不要自欺欺人了，不过是异国情调的另一种形式。

浪漫主义的音乐家们所述说的，也是异国情调的书中所造就的东西：人们喜爱体验异国情调的东西，佛罗伦萨和威尼斯品位的激情。最终，他们满足于在图像中追寻这些东西。本质无非新的欲望类型，模仿和体验他人生命的愿望，心灵的伪装和掩饰——浪漫主义艺术仅仅只是一种匮乏的"现实"的权宜之策。

　　维新的企图：革命，拿破仑。拿破仑是心灵全新可能性的激情，心灵的一种扩张。

　　意志的疲倦；所有感觉、设想、梦想新事物的欲望愈发强烈地放纵，人们体验到无节制的后果：对于无节制感觉的饥渴。——外来文学提供了最强劲的调味料。

830.

Winckelmann's und Goethe's Griechen, Victor Hugo's Orientalen, Wagner's Edda–Personnagen, Walter Scott's Engländer des dreizehnten Jahrhunderts – irgendwann wird man die ganze Komödie entdecken! es war Alles über alle Maaßen historisch falsch, aber – modern.

830
[Nov. 1887–March 1888]

Winckelmann's and Goethe's Greeks, Victor Hugo's orientals, Wagner's Edda characters, Walter Scott's Englishmen of the thirteenth century — some day the whole comedy will be exposed! It was all historically false beyond measure, but —modern.

830
[1887 年 11 月至 1888 年 3 月]

温克尔曼和歌德的希腊人，维克多·雨果的东方人，瓦格纳之《埃达》的角色们，瓦尔特·司各脱的 13 世纪的英国人——人们最终会发现这一整个喜剧！这是不可估量的历史性错误，但却是——现代的。

Zur Charakteristik des nationalen Genius in Hinsicht auf Fremdes und Entlehntes. –

Der englische Genius vergröbert und vernatürlicht Alles, was er empfängt;

der französische verdünnt, vereinfacht, logisirt, putzt auf;

der deutsche vermischt, vermittelt, verwickelt, vermoralisirt;

der italienische hat bei Weitem den freiesten und feinsten Gebrauch vom Entlehnten gemacht und hundertmal mehr hineingesteckt als herausgezogen: als der reichste Genius, der am meisten zu verschenken hatte.

831
[Spring–Fall 1887]

Toward a characterization of national genius in relation to what is foreign and borrowed:—

The English genius coarsens and makes natural everything it takes up;

The French makes thin, simplifies, logicizes, adorns;

The German confuses, compromises, confounds and moralizes;

The Italian has made by far the freest and subtlest use of what it has borrowed, and introduced a hundred times more into it than it took out of it: as the richest genius which had the most to bestow.

831
[1887 年春至秋]

就与异域性及所借鉴的事物来论民族天赋的特征：

英国人的天赋在于将一切它所占据的东西粗糙化和自然化；

法国人将之稀释、简单化、逻辑化、加以装饰；

德国人则加以混合、传输、复杂化、道德化；

意大利是迄今为止最为自由地和细致地使用借鉴之物的民族，并且吸纳了百倍于其吐纳出去的东西：作为可赐予最多的，最富有的天赋才能。

Die Juden haben in der Sphäre der Kunst das Genie gestreift, mit Heinrich Heine und Offenbach, diesem geistreichsten und übermüthigsten Satyr, der als Musiker zur großen Tradition hält und für Den, der nicht bloß Ohren hat, eine rechte Erlösung von den gefühlsamen und im Grunde entarteten Musikern der deutschen Romantik ist.

832

[Spring–Fall 1887]

The Jews approached genius in the sphere of art with Heinrich Heine and Offenbach, this most gifted and high–spirited satyr, who as a musician clung to the great tradition and who is for those who have more than mere ears a real liberation from the sentimental and at bottom degenerate musicians of German romanticism.

832

[1887 年春至秋]

犹太人在艺术领域里接触到了天赋才能，是伴随着海因里希·海涅和奥芬巴赫的出现，这最具才智且激情狂放的萨提尔，作为一位固守伟大传统的音乐家，对于那些不仅仅只长着耳朵的人而言，是一位从感情充沛的和根本已经退化了的德国浪漫主义音乐家那里出走的真正的解放者。

833.

Offenbach: französische Musik mit einem Voltaire'schen Geist, frei, übermüthig, mit einem kleinen sardonischen Grinsen, aber hell, geistreich bis zur Banalitat (– er schminkt nicht –) und ohne die mignardise krankhafter oder blond–wienerischer Sinnlichkeit.

833

[Spring–Fall 1887]

Offenbach: French music with the spirit of Voltaire, free, high-spirited, with a little sardonic grin, but bright, clever almost to the point of banality (—he does not use make–up—) and without the mignardise of morbid or blond–Viennese sensuality.

833

[1887 年春至秋]

奥芬巴赫：带有伏尔泰精神的法国音乐，自由、激情狂放，带有些许讥讽的笑容，但却明亮、聪慧到几近平庸（——他不施粉黛），并且不带有矫揉造作的病态或者金色维也纳式的感性。

834.

Wenn man unter Genie eines Künstlers die höchste Freiheit unter dem Gesetz, die göttliche Leichtigkeit, Leichtfertigkeit im Schwersten versteht, so hat Offenbach noch mehr Anrecht auf den Namen »Genie« als Wagner. Wagner ist schwer, schwerfällig: Nichts ist ihm fremder als Augenblicke übermüthigster Vollkommenheit wie sie dieser Hanswurst Offenbach fünf, sechs Mal fast in jeder seiner bouffonnerieserreicht. Aber vielleicht darf man unter Genie etwas Anderes verstehen.

834
[1884]

If one understands by artistic genius the greatest freedom under the law, divine frivolity, facility in the hardest things, then Offenbach has even more right to the name "genius" than Wagner. Wagner is heavy and ponderous: nothing is more foreign to him than moments of the most high-spirited perfection, such as this buffoon Offenbach achieves five or six times in almost every one of his buffooneries. But perhaps one might understand something else by the word genius.—

834
[1884 年]

如果人们将艺术家的天才理解为法则之下的最大自由、神圣的举重若轻的能力的话，那么奥芬巴赫甚至比瓦格纳更配得上"天才"之名。瓦格纳是笨重且沉闷的：再没有什么比那些最为激情狂放的完美时刻离他更加遥远陌生的了，而这种时刻，奥芬巴赫这个小丑在几乎每一场滑稽剧中都要达到五到六次之多。不过或许人们对天才一词有某些别的理解。

835.

Zum Kapitel »Musik«. – Deutsche und französische und italienische Musik. (Unsre politisch niedrigsten Zeiten die fruchtbarsten. Die Sklaven?) – Das culturhistorische Ballet: hat die Oper überwunden. – Schauspieler–Musik und Musiker–Musik. – Ein Irrthum, daß Das, was Wagner geschaffen hat, eine Form sei: – es ist eine Formlosigkeit. Die Möglichkeit des dramatischen Baues ist nun noch zu finden. – Rhythmisches. Der »Ausdruck« um jeden Preis. Hurenhafte Instrumentation. – Zu Ehren von Heinrich Schütz. –Zu Ehren Mendelssohn's: ein Element Goethe darin und nirgends sonst! (ebenso wie ein andres Element Goethe in der Rahel zur Vollendung kam; ein drittes in Heinrich Heine.)

835

[1885—1886]

For the chapter "*Music*." —German and French and Italian music. (Our lowest periods politically the most fruitful. The Slavs?) — The cultural–historical ballet: has overcome opera. Actors' music and musicians' music. —An error that what Wagner created was a form: —it was formlessness. The possibility of a dramatic construction has still to be discovered. —Rhythm. "Expression" at any cost. In praise of Carmen.—In praise of Heinrich Schütz (and the "Liszt Society"—) — Whorish instrumentation. —In praise of Mendelssohn: an element of Goethe in him and nowhere else! (just as another element of Goethe came to perfection in Rahel; a third in Heinrich Heine.)

835

关于"音乐"一章。德国音乐、法国音乐和意大利音乐。（我们的政治最低迷的时期是最多产的时期。奴隶？）——文化—历史的芭蕾：战胜了歌剧。——演员的音乐与音乐家的音乐。——瓦格瓦创造的是一种形式，此为一个误解：它是无形式。一种戏剧性的构建之可能性仍有待被发现。——节奏。不计代价的"表达"。——在《卡门》的选美中。[1]——在对亨利希许茨（以及"李斯特协会"——）的赞美中——淫荡的工具。——在对于门德尔松的赞美中，有歌德的要素在其中，不在任何别处！（正如另一种歌德的要素在拉赫尔[2]处步入完美；第三个则在海因里希·海涅那里。）

---

1. 本段英文译文与德文原文有少许出入，德文原文中并未提及卡门。为了尽可能保留版本的多种可能性，此处遵照英文译文。——译者注
2. 拉赫尔（Rahel von Varnhagen，1771—1833）：根据 1968 年英译版注，她的沙龙是柏林的一个伟大的文化中心。门德尔松、拉赫尔、海涅和奥芬巴赫是犹太人后裔。——译者注

836.

Die deskriptive Musik; der Wirklichkeit es überlassen, zu wirken...
Alle diese Arten Kunst sind leichter, nachmachbarer; nach ihnen greifen
die Gering–Begabten. Appell an die Instinkte; suggestive Kunst.

836
[Spring–Fall 1887]

Descriptive music; leave it to reality to be effective– All these kinds
of art are easier, more imitable; the poorly gifted employ them. Appeal
to the instincts; art with the power of suggestion.

836
[1887 年春至秋]

描述性的音乐；将它交予现实去发挥其作用。——所有这类艺术都更加简单，更易模仿；为天赋较低者所喜好。对天性的呼唤；要求启发性的艺术。

837.

837.

Über unsre moderne Musik. – Die Verkümmerung der Melodie ist das Gleiche wie die Verkümmerung der »Idee«, der Dialektik, der Freiheit geistigster Bewegung, – eine Plumpheit und Gestopftheit, welche sich zu neuen Wagnissen und selbst zu Principien entwickelt; – man hat schließlich nur die Principien seiner Begabung, seiner Bornirtheit von Begabung.

»Dramatische Musik« Unsinn! Das ist einfach schlechte Musik... Das »Gefühl«, die »Leidenschaft« als Surrogate, wenn man die hohe Geistigkeit und das Glück derselben (z. B. Voltaire's) nicht mehr zu erreichen weiß. Technisch ausgedrückt, ist das »Gefühl«, die »Leidenschaft« leichter – es setzt viel ärmere Künstler voraus. Die Wendung zum Drama verräth, daß ein Künstler über die Scheinmittel noch mehr sich Herr weiß, als über die echten Mittel. Wir haben dramatische Malerei, dramatische Lyrik u. s. w.

837

[Spring–Fall 1887]

On our modern music.— The decay of melody is the same as the decay of the "idea," of dialectic, of freedom of the most spiritual activity –a piece of clumsiness and constipation that is developing to new heights of daring and even to principles; —finally, one has only the principles of one's talents, one's narrowmindedness of a talent.

"Dramatic music" nonsense! It is simply bad music— "Feeling", "passion" as surrogates when one no longer knows how to achieve an exalted spirituality and the happiness that attends it (e.g., that of Voltaire). Technically, "feeling" and "passion" are easier —they presuppose much poorer artists. Recourse to drama betrays that an artist is more a master of false means than of genuine means. We have dramatic painting, dramatic lyrics, etc.

837

[1887 年春至秋]

关于我们的现代音乐。——旋律的衰退与"理念"、辩证法、最具精神性的运动自由的衰退是一样的——一种发展至新的胆量高度甚至是原则的笨拙和阻滞；最终，人们仅仅只有自身天赋的原则，狭隘天赋的原则。

"戏剧音乐"，胡说！它就是坏音乐……"感觉""激情"被作为替代，当他知道无法再获得一种崇高的精神性以及它所带来的幸福的时候（譬如伏尔泰的幸福）。技术上而言，"感觉"和"激情"比较容易——它们以贫瘠得多的艺术家们为前提。转向于戏剧更多地表明艺术家所驾驭的是错误的手段而非真正的手段。我们有戏剧绘画、戏剧抒情诗等。

838.

Wir entbehren in der Musik einer Ästhetik, die den Musikern Gesetze aufzuerlegen verstünde und ein Gewissen schüfe; wir entbehren, was eine Folge davon ist, eines eigentlichen Kampfes um »Principien« – denn als Musiker lachen wir über die Herbart'schen Velleitäten auf diesem Gebiete ebenso sehr, als über die Schopenhauer's. Thatsächlich ergiebt sich hieraus eine große Schwierigkeit: wir wissen die Begriffe »Muster«, »Meisterschaft«, »Vollkommenheit« nicht mehr zu begründen – wir tasten mit dem Instinkte alter Liebe und Bewunderung blind herum im Reich der Werthe, wir glauben beinahe, »gut ist, was unsgefällt« … Es erweckt mein Mißtrauen, wenn ganz unschuldig Beethoven allerwärts als »Classiker« bezeichnet wird: ich würde streng aufrecht erhalten, daß man in anderen Künsten unter einem Klassiker einen umgekehrten Typus, als der Beethoven's ist, begreift. Aber wenn gar noch die vollkommene und in die Augen springende Stil-Auflösung Wagner's, sein sogenannter dramatischer Stil als »Vorbild«, als »Meisterschaft«, als »Fortschritt« gelehrt und verehrt wird, so kommt meine Ungeduld auf ihren Gipfel. Der dramatische Stil in der Musik, wie ihn Wagner versteht, ist die Verzichtleistung auf Stil überhaupt, unter der Voraussetzung, daß etwas Anderes hundertmal wichtiger ist als Musik, nämlich das Drama. Wagner kann malen, er benutzt die Musik nicht zur Musik, er verstärkt Attitüden, er ist Poet; endlich, er hat an die »schönen Gefühle« und »gehobenen Busen« appellirt gleich allen Theaterkünstlern – mit dem Allen hat er die Frauen und selbst die Bildungs-Bedürftigen zu sich überredet: aber was geht Frauen und Bildungs-Bedürftige die Musik an! Das hat Alles kein Gewissen für die Kunst: das leidet nicht, wenn alle ersten und unerläßlichsten Tugenden einer Kunst zu Gunsten von Nebenabsichten (als ancilla dramaturgica) mit Füßen getreten und verhöhnt werden. Was liegt an aller Erweiterung der Ausdrucksmittel, wenn Das, was da ausdrückt, die Kunst selbst, für sich selbst das Gesetz verloren hat! Die malerische Pracht und Gewalt des Tons, die Symbolik von Klang, Rhythmus, Farbentönen der Harmonie und Disharmonie, die suggestive Bedeutung der Musik, die ganze mit Wagner zur Herrschaft gebrachte Sinnlichkeit der Musik – das Alles hat Wagner an der Musik erkannt, herausgezogen, entwickelt. Victor Hugo hat etwas Verwandtes für die Sprache gethan: aber schon heute fragt man sich in Frankreich im Fall Victor Hugo's, ob nicht zum Verderb der Sprache... ob nicht, mit der Steigerung der Sinnlichkeit in der Sprache, die Vernunft, die Geistigkeit, die tiefe Gesetzlichkeit in der Sprache heruntergedrückt worden ist? Daß die Dichter in Frankreich Plastiker, daß die Musiker in Deutschland Schauspieler und Cultur–Anpinseler geworden sind – sind das nicht Zeichen derdécadence?

838

[1888]

We lack in music an aesthetic that would impose laws on musicians and give them a conscience; we lack, as a consequence, a genuine conflict over "principles" —for as musicians we laugh at Herbart's velleities in this realm as much as we do at Schopenhauer's. In fact, this results in a great difficulty: we no longer know on what basis to found the concepts "model", "mastery", "perfection" —We grope blindly in the realm of values with the instinct of old love and admiration; we come close to believing "what is good is what pleases us"—

It awakens my mistrust when Beethoven is everywhere quite innocently described as a "classicist": I would strictly maintain that in the other arts one understands by a classicist an artist of the opposite type of Beethoven's. But when even the complete and obvious disintegration of style in Wagner, his so–called dramatic style, is taught and honored as "exemplary," as "mastery," as"progress," my impatience reaches its height. The dramatic style in music, as Wagner understands it, is the renunciation of style in general, on the presupposition that something else is a hundred times more important than music, namely the drama. Wagner can paint, he employs music for something other than music, he emphasizes poses, he is a poet; finally, he appealed to "beautiful feelings" and "heaving bosoms" like all artists of the theater –and with all this he won over the women and even those in need of culture: but what is music to women and those in need of culture! They have no conscience for art; they do not suffer when all the principal and most indispensable virtues of an art are trampled under foot and mocked for the benefit of secondary objectives (als ancilla dramaturgica). What is the point of extending the means of expression if that which expresses, art itself, has lost the law of its being! The picturesque pomp and power of tones, the symbolism of sound, rhythm, colors of harmony and disharmony, the suggestive significance of music, the whole sensuality of music which Wagner has brought into dominance –all this Wagner recognized in music, drew out of it, developed. Victor Hugo did something similar to language; but already today the French are asking themselves whether, in Hugo's case, it was not a corruption of language whether, with the increase of sensuality in language, reason, spirituality, the profound obedience to law in language have not been depressed? That the poets in France have become sculptors, that the musicians in Germany have become actors and culture–mongers —are these not signs of decadence?

838
[1888 年]

我们在音乐之中缺乏一种为音乐家施加法则并赋予他们良心的美学；作为后果，我们缺乏一种围绕"原则"的真正战斗——因为作为音乐家我们嘲笑赫尔巴特在这个领域中的微弱动机，就和我们嘲笑叔本华的微弱动机一样。事实上，这导致了一个巨大的困难：我们不再知道去探究"典范""精通""完满"的概念——我们以旧式的热爱和欣赏的本能在价值领域中盲目探索；

我们几近相信"凡使我们愉悦的便是好的"。——当贝多芬到处无辜地被称为一位"古典主义者",这引起了我的怀疑：我会坚持认为，人们在其他艺术中所理解的古典主义者，是与贝多芬相反的类型。但是倘若连瓦格纳那种既充分又显著的风格的解体，他所谓的戏剧风格，都被教导和尊敬为"榜样""精通""进步"，那么我的忍耐到达了极限。音乐之中的戏剧风格，正如瓦格纳所理解的那样，一般是一种风格的放弃，其前提是有某种其他的东西比音乐重要一百倍，即戏剧。瓦格纳会绘画，他将音乐不用作音乐，他强调姿态，他是一位诗人；最后，他就像所有剧场艺术家一样诉诸"美丽的感受"和"胸前的波涛起伏"——以此他说服了女人们甚至还有那些需要文化的人们；但是对于女人和这些需要文化之人而言，音乐有何干系？他们全无对艺术的良心：当一种艺术的首要及最不可或缺的美德为了实现附加意图（作为戏剧附属物）而被践踏和嘲弄之时，他们并无痛苦。如果表达，即艺术自身，失去了表达之存在的法则的话，那么扩展表达手段又有何意义呢！音调如画般的壮丽和力量、声音的象征、节奏、和谐以及不和谐的色度、音调的启发意义以及瓦格纳将之带入统治地位的音乐的整体感官性，这些即为瓦格纳在音乐中所认识、提取、发展的一切。维克多·雨果在语言之中做了相似的事情，但是如今法国人已经质问他们自己，在雨果的案例中，这是否并非一种语言的腐败，随着在语言之中的感官性的增加，理性、精神性、深刻的法则性是否并未被压抑？在法国，诗人们成为雕塑家，在德国，音乐家们则成为演员和文化粉刷匠，这难道不是颓废的标志吗？

839.

Es giebt heute auch einen Musiker–Pessimismus, selbst noch unter Nicht–Musikern. Wer hat ihn nicht erlebt, wer hat ihm nicht geflucht, dem unseligen Jüngling, der sein Clavier bis zum Verzweiflungsschrei martert, der eigenhändig den Schlamm der düstersten graubraunsten Harmonien vor sich herwälzt? Damit ist man erkannt, als Pessimist... Ob man aber damit auch als »musikalisch« erkannt ist? Ich würde es nicht zu glauben wissen. Der Wagnerianer pur sang ist unmusikalisch; er unterliegt den Elementarkräften der Musik ungefähr wie das Weib dem Willen seines Hypnotiseurs unterliegt – und um dies zu können, darf er durch kein strenges und feines Gewissen in rebus musicis et musicantibus mißtrauisch gemacht sein. Ich sagte »ungefähr wie« –: aber vielleicht handelt es sich hier um mehr als ein Gleichnis; Man erwäge die Mittel zur Wirkung, deren sich Wagner mit Vorliebe bedient (– die er zu einem guten Theile sich erst hat erfinden müssen): sie ähneln in einer befremdlichen Weise den Mitteln, mit denen der Hypnotiseur es zur Wirkung bringt (– Wahl der Bewegungen, der Klangfarben seines Orchesters; das abscheuliche Ausweichen vor der Logik und Quadratur des Rhythmus; das Schleichende, Streichende, Geheimnißvolle, der Hysterismus seiner »unendlichen Melodie«). – Und ist der Zustand, in welchen z. B. das Lohengrin–Vorspiel den Zuhörer und noch mehr die Zuhörerin versetzt, wesentlich verschieden von der somnambulischen Ekstase? – Ich hörte eine Italienerin nach dem Anhören des genannten Vorspiels sagen, mit jenen hübsch verzückten Augen, auf welche sich die Wagnerianerin versteht: »come si dorme con questa musica« –

[Spring–Fall 1887; rev. Spring–Fall 1888]

Today we have a musical pessimism, even among the nonmusical. Who has not met him, who has not cursed him –the wretched youth who tortures his piano into cries of despair, who single–handed heaves forward the mud of the gloomiest gray–brown harmonies? This identifies one as a pessimist– But whether this also identifies one as a musician? I cannot be made to think so. The Wagnerian pur sang is unmusical; he succumbs to the elemental powers of music somewhat as a woman succumbs to the will of her hypnotist —and in order to be able to do this, he must not be made suspicious by a severe and subtle conscience in rebusmusicis et musicantibus. I said "somewhat as"—: but perhaps we have more than a metaphor here. Consider the means for producing effects that Wagner prefers to use (—and had for the most part to invent for himself): they are strangely similar to those with which a hypnotist achieves his effect (—his choice of tempo and tonal color for his orchestra; the repellent avoidance of logic and squareness in his rhythm; the lingering, soothing, mysterious, hysterical quality of his "endless melody").— And is the condition to which the Lohengrin prelude, for example, reduces its hearers, especially women, essentially different from a somnambulistic trance?—

I heard an Italian woman who had just listened to the prelude in question say, with those entranced eyes that Wagneriennes know how to affect:"come si dorme con questa music!"

839

[1887 年春至秋，修订于 1888 年春至秋]

今天我们有一种音乐的悲观主义，它甚至存在于非音乐家之中。谁未曾遇见过它，谁未曾诅咒过它呢？那个把他的钢琴摧残到绝望地嚎哭、只手将最阴郁灰暗的和声淤泥抛向前去的不幸的年轻人。这便被确认为悲观主义者的根据。——但是这是否也确认他是一位音乐家呢？我无法这样认为。纯正的瓦格纳迷是不通音乐的，他屈服于音乐的基本力量就大概类似于一个女人屈服于其催眠师的意志，并且为了能够做到这一点，他不允许通过一种严肃和精细的良心在音乐和音乐效果的谜面中产生怀疑。我说的是"大概类似于"，但是在此也许不仅仅是一个类比而已。考量瓦格纳所青睐的制造效果的方法（而且大部分是为自己而发明的）：它们奇怪地与一名催眠师为了达到其效果而使用的方法相类似（为其乐团而作的速度与银色的选择；在其节奏之中对逻辑与方正的排斥性回避；其"无尽旋律"缠绵的、舒缓的、神秘的、歇斯底里的质感。）——听众们的状态，譬如，《罗恩格林》序曲带给听众们，尤其是女性听众们的状态，是否与一种梦游般的迷狂本质上有所不同呢？

我听过一位刚听过上述序曲的意大利女人，带着女瓦格纳迷们所通晓的陶醉入迷的眼神说道："愿这音乐今夜伴我入眠！"[1]

---

1. 原文为意大利文，英译为"How one sleeps with this music!"——译者注

840.

Religion in der Musik. – Wieviel uneingeständliche und selbst unverstandne Befriedigung aller religiösen Bedürfnisse ist noch in der Wagner'schen Musik! Wie viel Gebet, Tugend, Salbung, »Jungfräulichkeit«, »Erlösung« redet da noch mit! ... Daß die Musik vom Worte, vom Begriffe absehen darf – oh wie sie daraus ihren Vortheil zieht, diese arglistige Heilige, die zu Allem zurückführt, zurückverführt, was einst geglaubt wurde! ... Unser intellektuelles Gewissen braucht sich nicht zu schämen – es bleibt außerhalb – wenn irgend ein alter Instinkt mit zitternden Lippen aus verbotenen Bechern trinkt ... Das ist klug, gesund und, insofern es Scham vor der Befriedigung des religiösen Instinktes verräth, sogar ein gutes Zeichen ... Heimtückische Christlichkeit: Typus der Musik des »letzten Wagner«.

840

[March–June 1888]

Religion in music. —How much unadmitted and even uncomprehended satisfaction of all religious needs is still to be found in Wagnerian music! How much prayer, virtue, unction, "virginity", "redemption" speak through it!— That music may dispense with words and concepts —oh what advantage she derives from that fact, this cunning saint, who leads and seduces back to all that was formerly believed! —Our intellectual conscience has no need to feel ashamed —it remains outside —when some ancient instinct or other drinks with trembling lips from forbidden cups— This is shrewd, healthy and, in so far as it betrays shame at the satisfaction of the religious instinct, even a good sign— Underhand Christianity: type of the music of "Wagner's final period."

音乐之中的宗教。在瓦格纳的音乐里面，仍可找到多少未被承认甚至未被理解的一切宗教需要的满足啊！祈祷者、美德、涂膏礼、"贞操"、"救赎"通过它言说了多少！音乐可以离开语词和概念它是怎样地从中获利啊，这狡诈的圣人，他引导和诱惑人们回到一度相信的一切中去！……我们理智的良心无须为此感到羞愧它仍是外在的当任一种古老的本能以颤抖的嘴唇从禁杯里啜饮的时候。这是精明的、健康的，并且就其于宗教本能之满足而流露的羞愧而言，甚至是一种善的标志。阴险的基督宗教："晚期瓦格纳"的音乐类型。

841.

Ich unterscheide den Muth vor Personen, den Muth vor Sachen und den Muth vor dem Papier. Letzterer war z. B. der Muth David Straußens. Ich unterscheide nochmals den Muth vor Zeugen und den Muth ohne Zeugen: der Muth eines Christen, eines Gottgläubigen überhaupt kann niemals Muth ohne Zeugen sein, – er ist damit allein schon degradirt. Ich unterscheide endlich den Muth aus Temperament und den Muth aus Furcht vor der Furcht: ein Einzelfall der letzteren Species ist der moralische Muth. Hierzu kommt noch der Muth aus Verzweiflung.

Wagner hatte diesen Muth. Seine Lage hinsichtlich der Musik war im Grunde verzweifelt. Im fehlte Beides, was zum guten Musiker befähigt: Natur und Cultur, die Vorbestimmung für Musik und die Zucht und Schulung zur Musik. Er hatte Muth: er schuf aus diesem Mangel ein Princip, – er erfand sich eine Gattung Musik. Die »dramatische Musik«, wie er sie erfand, ist die Musik, welche er machen konnte, – ihr Begriff sind die Grenzen Wagner's.

Und man hat ihn mißverstanden! – Hat man ihn mißverstanden? .. Fünf Sechstel der modernen Künstler sind in seinem Falle. Wagner ist ihr Retter: fünf Sechstel sind übrigens die »geringste Zahl«. Jedesmal, wo die Natur sich unerbittlich gezeigt hat und wo andrerseits die Cultur ein Zufall, eine Tentative, ein Dilettantismus blieb, wendet sich jetzt der Künstler mit Instinkt, was sage ich? mit Begeisterung an Wagner: »halb zog er ihn, halb sank er hin«, wie der Dichter sagt.

841

[March–June 1888]

I distinguish between courage in the face of people, courage in the face of things, and courage in the face of paper. The latter was, e.g., the courage of David Strauss. I distinguish further between courage before witnesses and courage without witnesses: the courage of a Christian, of a believer in God in general, can never be courage without witnesses –this fact alone degrades it. I distinguish, finally, courage rooted in temperament and courage rooted in fear of fear: a particular instance of the latter type is moral courage. There should also be added courage from despair.

Wagner possessed this kind of courage. His situation regarding music was, at bottom, desperate. He lacked the two things needed to make a good musician: nature and culture, a predisposition toward music and training and schooling in music. He possessed courage: he made a principle of what he lacked —he invented a style of music for himself. "Dramatic music," as invented by him, is the music he was capable of making —Wagner's limitations define this concept.

And he was misunderstood! —Was he misunderstood? Five–sixths of modern artists are in this position. Wagner is their savior; five–sixths is in any case the "lowest estimate." In every instance in which nature has shown herself inexorable and in which on the other hand culture has remained accidental, tentative, dilettante, the artist turns instinctively — what am I saying? —enthusiastically to Wagner: "half did he drag him, half he sank," as the poet says.

841

[1888 年 3 月至 6 月][1]

我区分面对人的勇气、面对事的勇气，以及面对书的勇气。后者，譬如大卫·施特劳斯的勇气。我进一步区分有证人在前的勇气和无证人在前的勇气：一位基督教徒的勇气，一位通常信仰上帝的人，永远不可能拥有无证人在前的勇气——就这一事实便已使它降级了。最后，我区分扎根于性格中的勇气和出自害怕面对恐惧的勇气：后面这一种类的一个特殊例子即为道德的勇气。还应当加上出自绝望的勇气。

---

1. 根据 1911 年的英文译注，此段落来自《瓦格纳事件》的一个更为泛化的草稿版本。——译者注

瓦格纳拥有的是这种勇气。就音乐而言，他的境况，讲到底，是绝望的。他缺乏成为一位好音乐家的两件事：天资和教养，此乃音乐的一种先天素质以及音乐的培育和训练。他拥有过勇气：他从此缺陷之中创造出了一种原则——他为自己发明了一种音乐风格。"戏剧音乐"，如他所创造的那般，是他所能够制造的音乐，这种音乐概念即表明了瓦格纳的局限。

　　而且他被误解了！——他是被误解了吗？——现代艺术家的六分之五都如此。瓦格纳是他们的救星：不论哪种情况，六分之五都是"最低的估计"。每一次当天资已经毅然展现，而另一方面教养仍是偶发性的、尝试性的、浅薄的，艺术家便本能地——我在说什么？——热情地转向瓦格纳："一半是把他拉出水面，一半是他沉将下去，"[1] 就像那位诗人所述这般。

---

1. 引文来自歌德《德·费舍尔》，倒数第二句：halh zog sie ihn，halh sanker hin。——译者注

842.

»Musik« – und der große Stil. – Die Größe eines Künstlers bemißt sich nicht nach den »schönen Gefühlen«, die er erregt: das mögen die Weiblein glauben. Sondern nach dem Grade, in dem er sich dem großen Stile nähert, in dem er fähig ist des großen Stils. Dieser Stil hat Das mit der großen Leidenschaft gemein, daß er es verschmäht, zu gefallen; daß er es vergißt, zu überreden; daß er befiehlt; daß er will... Über das Chaos Herr werden, das man ist; sein Chaos zwingen, Form zu werden: logisch, einfach, unzweideutig, Mathematik, Gesetz werden – das ist hier die große Ambition. – Mit ihr stößt man zurück; Nichts reizt mehr die Liebe zu solchen Gewaltmenschen, – eine Einöde legt sich um sie, ein Schweigen, eine Furcht wie vor einem großen Frevel ... Alle Künste kennen solche Ambitiöse des großen Stils: warum fehlen sie in der Musik? Noch niemals hat ein Musiker gebaut wie jener Baumeister, der den Palazzo Pitti schuf... Hier liegt ein Problem. Gehört die Musik vielleicht in jene Cultur, wo das Reich aller Art Gewaltmenschen schon zu Ende gieng? Widerspräche zuletzt der Begriff großer Stil schon der Seele der Musik, – dem »Weibe« in unsrer Musik? ...

Ich berühre hier eine Cardinal–Frage: wohin gehört unsre ganze Musik? Die Zeitalter des classischen Geschmacks kennen nichts ihr Vergleichbares: sie ist aufgeblüht, als die Renaissance–Welt ihren Abend erreichte, als die »Freiheit« aus den Sitten und selbst aus den Menschen davon war: – gehört es zu ihrem Charakter, Gegenrenaissance zu sein? Ist sie die Schwester des Barockstils, da sie jedenfalls seine Zeitgenossin ist? Ist Musik, moderne Musik nicht schon décadence? ...

Ich habe schon früher einmal den Finger auf diese Frage gelegt:

ob unsre Musik nicht ein Stück Gegenrenaissance in der Kunst ist?
ob sie nicht die Nächstverwandte des Barockstils ist? ob sie nicht im
Widerspruch zu allem classischen Geschmack gewachsen ist, sodaß sich
in ihr jede Ambition der Classicität von selbst verböte?

Auf diese Werthfrage ersten Ranges würde die Antwort nicht
zweifelhaft sein dürfen, wenn die Thatsache richtig abgeschätzt worden
wäre, daß die Musik ihre höchste Reife und Fülle als Romantik erlangt –,
noch einmal als Reaktions–Bewegung gegen die Classicität.

Mozart – eine zärtliche und verliebte Seele, aber ganz achtzehntes
Jahrhundert, auch noch in seinem Ernste ... Beethoven der erste große
Romantiker, im Sinne des französischen Begriffs Romantik, wie Wagner
der letzte große Romantiker ist ... beides instinktive Widersacher des
classischen Geschmacks, des strengen Stils, – um vom »großen« hier
nicht zu reden.

842

[March–June 1888]

"Music" —and the grand style.— The greatness of an artist cannot
be measured by the "beautiful feelings" he arouses: leave that idea to
females. But according to the degree to which he approaches the grand
style, to which he is capable of the grand style. This style has this in
common with great passion, that it disdains to please; that it forgets
to persuade; that it commands; that it wills— To become master of the
chaos one is; to compel one's chaos to become form: to become logical,
simple, unambiguous, mathematics, law— that is the grand ambition
here. —It repels; such men of force are no longer loved —a desert
spreads around them, a silence, a fear as in the presence of some great
sacrilege— All the arts know such aspirants to the grand style: why
are they lacking in music? No musician has yet built as that architect
did who created the Palazzo Pitti— Here lies a problem. Does music
perhaps belong to that culture in which the domain of men of force of
all kinds has ceased? Does the concept grand style ultimately stand in
contradiction to the soul of music —to the "woman" in our music?—

I here touch upon a cardinal question: where does our entire music belong? The ages of classical taste knew nothing to compare with it: it began to blossom when the Renaissance world had attained its evening, when "freedom" had departed from morals and even from men: —is it part of its character to be counter–Renaissance? Is it the sister of the Baroque style, since it is in any case its contemporary? Is music, modern music, not already decadence?—

Once before I pointed to this question: whether our music is not a piece of counter–Renaissance in art? whether it is not next–of–kin to the Baroque style? whether it has not grown up in contradiction to all classical taste, so that all ambitions to become classical are forbidden to it by its nature?

The answer to this first–rank question of values would not remain in doubt if the proper inferences had been drawn from the fact that music achieved its greatest ripeness and fullness as romanticism —once again as a movement of reaction against classicism.

Mozart —a delicate and amorous soul, but entirely eighteenth century, even when he is serious.— Beethoven the first great romantic, in the sense of the French conception of romanticism, as Wagner is the last great romantic —both instinctive opponents of classical taste, of severe style —to say nothing of "grand" style.

842
[1888 年 3 月至 6 月]

"音乐"以及伟大的风格。一位艺术家的伟大不能用他所激起的"美的感受"来衡量，将这想法留给女性们。而是根据他接近伟大风格、擅长伟大风格的程度来衡量。这种风格与伟大激情的共同点在于，它不屑于讨好；它想不起劝说；它命令；它意欲。——人成为混沌的主宰者，迫使人所主宰的混沌变成形式：成为有逻辑的、简单的、明确的，数学和法则——这即是此处伟大的风格。——它[1]反抗；没有什么能够激起对这些强者的爱——

---

1. 此处意指伟大风格。——译者注

围绕他们的是一片荒漠，一份寂静、一种仿佛怕严重亵渎他们的恐惧。……这种伟大风格的野心家们见诸所有艺术：为何在音乐中缺乏这类人呢？未曾有音乐家像那位创造了匹提宫的建筑师那般来建造。……这里存在一个问题。音乐是否可能属于那样一种文化，即在它其中所有类型的强者的王国都已经没落？伟大风格的概念是否终究与音乐的灵魂——与我们音乐之中的"女人"是势不两立的呢？

我于此触及一个关键问题：我们整个音乐归属于何处？古典品位的时代对任何能与之相提并论的东西一无所知。当文艺复兴的世界达到了它的黄昏之时，当"自由"从道德甚至人的身上离去之时，它便开始绽放：成为反文艺复兴的是否是其特征的一部分？它是否是巴洛克风格的姐妹，既然二者身处同一时代？音乐、现代音乐难道不是已经颓废了？

我在前处已指出这个问题：我们的音乐是否不是艺术中反文艺复兴的一部分？它是否不是巴洛克风格的近亲？它是否并非在与古典品位的冲突中成长起来的，从而导致在它内部古典的一切野心都自行扼杀了？

对这个头等有价值的问题的回答本应当是毋庸置疑的，倘若以下事实得到了正确定论的话，即音乐作为浪漫主义，同时也是作为对古典主义之反抗运动，获得了它最大的丰收与成熟。

莫扎特——一个温柔可爱的灵魂，但却完全是 18 世纪的，甚至当他稳重之时。……贝多芬，在法国的浪漫主义的概念里，是第一位伟大的浪漫主义者，正如瓦格纳是最后一位伟大的浪漫主义者。……两者作为对于古典品位、严肃风格的本能的反对者——都是为了避开"伟大"这一字眼。

843.

Die Romantik: eine zweideutige Frage, wie alles Moderne.

Die ästhetischen Zustände zwiefach.

Die Vollen und Schenkenden im Gegensatz zu den Suchenden, Begehrenden.

843

[March–June 1888]

Romanticism: an ambiguous question, like everything modern.

The aesthetic states twofold.

The full and bestowing as opposed to the seeking, desiring.

843

[1888 年 3 月至 6 月]

浪漫主义：一种暧昧的问题，像现代的一切。

审美状态的双重性。

充分和馈赠相对于寻求与渴望。

844.

Ein Romantiker ist ein Künstler, den das große Mißvergnügen an sich schöpferisch macht – der von sich und seiner Mitwelt wegblickt, zurückblickt.

844

[1885–1886]

A romantic is an artist whose great dissatisfaction with himself makes him creative—who looks away, looks back from himself and from his world.

844

[1885 年至 1886 年]

一位浪漫主义者即是一位由其自身之中的巨大不满而造就其创造性的艺术家——他从自身和他的世界放开眼去，又望回来。

845.

Ist die Kunst eine Folge des Ungenügens am Wirklichen? Oder ein Ausdruck der Dankbarkeit über genossenes Glück? Im ersten Falle Romantik , im zweiten Glorienschein und Dithyrambus (kurz Apotheosen–Kunst): auch Raffael gehört hierhin, nur daß er jene Falschheit hatte, den Anschein der christlichen Weltauslegung zu vergöttern. Er war dankbar für das Dasein, wo es nicht specifisch christlich sich zeigte.

Mit der moralischen Interpretation ist die Welt unerträglich. Das Christenthum war der Versuch, die Welt damit zu »überwinden«: d. h. zu verneinen. In praxi lief ein solches Attentat des Wahnsinns – einer wahnsinnigen Selbstüberhebung des Menschen angesichts der Welt – auf Verdüsterung, Verkleinlichung, Verarmung des Menschen hinaus: die mittelmäßigste und unschädlichste Art, die heerdenhafte Art Mensch, fand allein dabei ihre Rechnung, ihre Förderung, wenn man will.

Homer als Apotheosen–Künstler; auch Rubens. Die Musik hat noch keinen gehabt.

Die Idealisirung des großen Frevlers (der Sinn für seine Größe) ist griechisch; das Herunterwürdigen, Verleumden, Verächtlichmachen des Sünders ist jüdisch–christlich.

845

[1885–1886]

Is art a consequence of dissatisfaction with reality? Or an expression of gratitude for happiness enjoyed? In the former case, romanticism; in the latter, aureole and dithyramb (in short, art of apotheosis): Raphael, too, belongs here; he merely had the falsity to deify what looked like the Christian interpretation of the world. He was grateful for existence where it was not specifically Christian.

The moral interpretation makes the world unbearable. Christianity was the attempt to "overcome" the world by it; i.e., to negate it. In praxi, such a murderous attempt of insanity —an insane self-elevation of man above the world —resulted in making man gloomy, small, and impoverished: only the most mediocre and harmless type of man, the herd type, profited by it, was advanced by it, if you like.

Homer as an artist of apotheosis; Rubens also. Music has not yet had one.

The idealization of the man of great sacrilege (a sense of his greatness) is Greek, depreciation, slandering, contempt for the sinner is Judeo-Christian.

845
[1885 年至 1886 年]

艺术是一种对现实不满的结果吗？或是一种对已消受幸福所表达的感激呢？前一种情况，浪漫主义；后一种情况，灵光和酒神颂歌（简言之，颂神的艺术）：拉斐尔也属于此类，他所犯的错误仅仅在于，将基督教对世界的面貌的解释做了神化。他对生命心存感激，而生命并非专以基督教的形式自我呈现。

基督教试图以此"克服"世界，也就是说，将其否定。在行动中，这样一种疯狂的谋杀意图——人面对世界的一种疯狂自负的谋杀意图——导致了人的阴沉化、渺小化和贫困化：只有最平庸和无害之人，群氓一类，由此获益，得到增进，假如乐意的话。

荷马可视为一位颂神的艺术家；鲁本斯也是。音乐界仍未有一人。

将重大亵渎之人理想化（此人之伟大的意义所在）是希腊式的；贬低、诽谤、对罪人的蔑视则是犹太—基督教式的。

Romantik und ihr Gegenstück. – In Hinsicht auf alle ästhetischen Werthe bediene ich mich jetzt dieser Grundunterscheidung: ich frage in jedem einzelnen Falle »ist hier der Hunger oder der Überfluß schöpferisch geworden?« Von vornherein möchte sich eine andre Unterscheidung besser zu empfehlen scheinen – sie ist bei Weitem augenscheinlicher – nämlich die Unterscheidung, ob das Verlangen nach Starr–werden, Ewig–werden, nach »Sein« die Ursache des Schaffens ist, oder aber das Verlangen nach Zerstörung, nach Wechsel, nach Werden. Aber beide Arten des Verlangens erweisen sich, tiefer angesehn, noch als zweideutig, und zwar deutbar eben nach jenem vorangestellten und mit Recht, wie mich dünkt, vorgezogenen Schema.

Das Verlangen nach Zerstörung, Wechsel, Werden kann der Ausdruck der übervollen zukunftsschwangern Kraft sein (mein Terminus dafür ist, wie man weiß, das Wort »dionysisch«); es kann aber auch der Haß der Mißrathnen, Entbehrenden, Schlechtweggekommenen sein, der zerstört, zerstören muß, weil ihn das Bestehende, ja alles Bestehen, alles Sein selbst, empört und aufreizt.

»Verewigen« andrerseits kann einmal aus Dankbarkeit und Liebe kommen: – eine Kunst dieses Ursprungs wird immer eine Apotheosen–Kunst sein, dithyrambisch vielleicht mit Rubens, selig mit Hafis, hell und gütig mit Goethe, und einen homerischen Glorienschein über alle Dinge breitend; – es kann aber auch jener tyrannische Wille eines Schwer–Leidenden sein, welcher das Persönlichste, Einzelnste, Engste, die eigentliche Idiosynkrasie seines Leidens noch zum verbindlichen Gesetz und Zwang stempeln möchte und der an allen Dingen gleichsam Rache nimmt, dadurch daß er ihnen sein Bild, das Bild seiner Tortur aufdrückt, einzwängt, einbrennt. Letzteres ist romantischer Pessimismus in der ausdrucksvollsten Form: sei es als Schopenhauer'sche Willens–Philosophie, sei es als Wagner'sche Musik.

What is romanticism?[1] —In regard to all aesthetic values, I now employ this fundamental distinction: I ask in each individual case "has hunger or superabundance become creative here?" At first sight, another distinction might seem more plausible —it is far more obvious—namely the distinction whether the desire for rigidity, eternity, "being" has been the cause of creation, or rather the desire for destruction, for change, for becoming. But both kinds of desire prove, when examined more closely, to be ambiguous and interpretable according to the scheme mentioned above, which, I think, is to be preferred.

The desire for destruction, change, becoming can be the expression of an overfull power pregnant with the future (my term for this, as is known, is the word "Dionysian"); but it can also be the hatred of the ill-constituted, disinherited, underprivileged, which destroys, has to destroy, because what exists, indeed existence itself, all being itself, enrages and provokes it.

"Eternalization," on the other hand, can proceed from gratitude and love –an art of this origin will always be an art of apotheosis, dithyrambic perhaps with Rubens, blissful with Hafiz, bright and gracious with Goethe, and shedding a Homeric aureole over all things –but it can also be that tyrannic will of a great sufferer who would like to forge what is most personal, individual, and narrow —most idiosyncratic— in his suffering, into a binding law and compulsion, taking revenge on all things, as it were, by impressing, forcing, and branding into them his image, the image of his torture. The latter is romantic pessimism in its most expressive form, whether as Schopenhauerian philosophy of will or as Wagnerian music.

---

1. 此处德文原文为 Romantik und ihr Gegenstück., 英译应作 Romanticism and its counterpart。——译者注

浪漫主义及其对立者？——针对所有的美学价值，我现在使用这一组基本区分：我于每一个个案中提问，"饥饿或过剩在此变得具有创造力了吗？"最开始，另一种区分可能看起来更值得推荐——它更为明显，即创造的缘由是对变得稳定的、成为永恒的，对"存在"的需求，还是去破坏、去改变、去转化的需求；但是，深入观察的话，两种需求都显示出自身的含混不清，而且按照前文提及的那种在我看来有理由更好的模式来看，两种需求都是有待阐明的。

对于破坏、改变、转化的需求可以是一种孕育着未来之充盈力量的表达（我对其使用的词汇，正如人所知的那样，是"狄奥尼索斯的"）；但是它也可以被失败、匮乏、弱势之人所憎恨，这种憎恨要破坏，必须要破坏，因为凡是存在着的、诚然存在本身、一切存在者自身，都只挑衅和激起此憎恨。

另一方面，"永恒化"，可以来自感激和爱——一种由此起源的艺术始终会是一种颂神的艺术，或许有鲁本斯的狂热，哈菲兹的极乐，歌德的明媚和与人为善，以及普照万物的荷马式的灵光——但是它也可以是一位遭受痛苦之人的残暴意志，它要在他的苦难中把那些最为个体性的、独特的、私密的，最别具一格的，铭刻成为一种约束的法则与强制，它将自己的形象，及其受难的形象加以压刻、灌入、烙印，从而向它们复仇。后者即是最富有表现力的浪漫悲观主义，不论是叔本华的意志哲学或是瓦格纳的音乐。

847.

Ob nicht hinter dem Gegensatz von Classisch und Romantisch der Gegensatz des Aktiven und Reaktiven, verborgen liegt? –

847

[Spring–Fall 1887]

Whether behind the antithesis between classic and romantic there does not lie hidden the antithesis active and reactive?—

847

[1887 年春至秋]

在古典主义与浪漫主义的对立背后是否隐藏着主动与回应的对立？

848.

Um Classiker zu sein, muß man alle starken, anscheinend widerspruchsvollen Gaben und Begierden haben: aber so, daß sie miteinander unter Einem Joche gehen; zur rechten Zeit kommen, um ein Genus von Litteratur oder Kunst oder Politik auf seine Höhe und Spitze zu bringen (: nicht nachdem dies schon geschehen ist ...): einen Gesammtzustand (sei es eines Volkes, sei es einer Kultur) in seiner tiefsten und innersten Seele widerspiegeln, zu einer Zeit, wo er noch besteht und noch nicht überfärbt ist von der Nachahmung des Fremden (oder noch abhängig ist ...); kein reaktiver, sondern ein schließender und vorwärts führender Geist sein, Ja sagend in allen Fallen, selbst mit seinem Haß.

»Es gehört dazu nicht der höchste persönliche Werth?« ... Vielleicht zu erwägen, ob die moralischen Vorurtheile hier nicht ihr Spiel spielen, und ob große moralische Höhe nicht vielleicht an sich ein Widerspruch gegen das Classische ist? ... Ob nicht die moralischen Monstra nothwendig Romantiker sein müssen, in Wort und That? ... Ein solches Übergewicht Einer Tugend über die anderen (wie beim moralischen Monstrum) steht eben der classischen Macht im Gleichgewicht feindlich entgegen: gesetzt, man hätte diese Höhe und wäre trotzdem Classiker, so dürfte dreist geschlossen werden, man besitze auch die Immoralität auf gleicher Höhe: dies vielleicht der Fall Shakespeare (gesetzt, daß es wirklich Lord Bacon ist).

To be classical, one must possess all the strong, seemingly contradictory gifts and desires —but in such a way that they go together beneath one yoke; arrive at the right time to bring to its climax and high point a genus of literature or art or politics (not after this has already happened—); reflect a total state (of a people or a culture) in one's deepest and innermost soul, at a time when it still exists and has not yet been overpainted with imitations of foreign things (or when it is still dependent—); and one must not be a reactive but a concluding and forward–leading spirit, saying Yes in all cases, even with one's hatred.

"Is the highest personal value not part of it?"— To consider perhaps whether moral prejudices are not playing their game here and whether great moral loftiness is not perhaps in itself a contradiction of the classical? — Whether the moral monsters must not necessarily be romantics, in word and deed? — Precisely such a preponderance of one virtue over the others (as in the case of a moral monster) is hostile to the classical power of equilibrium: supposing one possessed this loftiness and was nonetheless classical, then we could confidently infer that one also possessed immorality of the same level: possibly the case of Shakespeare (assuming it was really Lord Bacon).

848

[1887 年春至秋]

为了成为古典主义者，就必须具备所有一切强大的、看起来充满矛盾的才能与欲望；但是如此一来，它们便是同负一轭的；需要在合适的时机到来时，才能将一位文学的或艺术的或政治的天才带入巅峰和高潮（而非在这种现象已经发生了之后）；在灵魂（一个民族的或是一种文化的）最深处最底部，要反射出一种整体状态，而且刚好要在这种状态仍然存在，并且尚未被对外来事物的模仿弄得面目全非（或是尚有依赖性）的时候；而且它必须不是一种反应性的而是一种总结性和引领性的精神，在所有情况之下都说着"是的"，甚至是带着它的仇恨作答。

"最高的个人价值难道不是其中一部分吗？"——或许要考虑道德偏见在此是否并未起作用，以及伟大的道德标准是否可能在自身之中就构成了与古典的对立？——无论在言语或行动层面而言，道德怪物是否并非必然是浪漫主义者？——一种美德对其他美德的压制（譬如在道德怪物的例子之中）与古典的均势强力相对立：假设人们拥有了这种压制高度并且依然是古典主义者，那么我们就能自信地推论，人们也拥有同一高度的非道德状态，这也许就是莎士比亚的例子（假如他真是培根勋爵的话）。

Zukünftiges. – Gegen die Romantik der großen »Passion«. – Zu begreifen, wie zu jedem »classischen« Geschmack ein Quantum Kälte, Lucidität, Härte hinzugehört: Logik vor Allem, Glück in der Geistigkeit, »drei Einheiten«, Concentration, Haß gegen Gefühl, Gemüth, esprit, Haß gegen das Vielfache, Unsichere, Schweifende, Ahnende so gut als gegen das Kurze, Spitze, Hübsche, Gütige. Man soll nicht mit künstlerischen Formeln spielen: man soll das Leben umschaffen, daß es sich nachher formuliren muß.

Es ist eine heitere Komödie, über die erst jetzt wir lachen lernen, die wir jetzt erst sehen: daß die Zeitgenossen Herder's, Winckelmann's, Goethe's und Hegel's in Anspruch nahmen, das classische Ideal wieder entdeckt zu haben ... und zu gleicher Zeit Shakespeare! – Und dasselbe Geschlecht hatte sich von der classischen Schule der Franzosen auf schnöde Art losgesagt! als ob nicht das Wesentliche so gut hier wie dorther hätte gelernt werden können! ... Aber man wollte die »Natur«, die »Natürlichkeit«: oh Stumpfsinn! Man glaubte, die Classicität sei eine Art Natürlichkeit!

Ohne Vorurtheil und Weichlichkeit zu Ende denken, auf welchem Boden ein classischer Geschmack wachsen kann. Verhärtung, Vereinfachung, Verstärkung, Verböserung des Menschen: so gehört es zusammen. Die logisch–psychologische Vereinfachung. Die Verachtung des Détails, des Complexen, des Ungewissen.

Die Romantiker in Deutschland protestirten nicht gegen den Classicismus, sondern gegen Vernunft, Aufklärung, Geschmack, achtzehntes Jahrhundert.

Die Sensibilität der romantisch–Wagner'schen Musik: Gegensatz der classischen Sensibilität.

Der Wille zur Einheit (weil die Einheit tyrannisirt: nämlich die

Zuhörer, Zuschauer), aber Unfähigkeit,sich in der Hauptsache zu tyrannisiren: nämlich in Hinsicht auf das Werk selbst (auf Verzichtleisten, Kürzen, Klären, Vereinfachen). Die Überwältigung durch Massen (Wagner, Victor Hugo, Zola, Taine).

849
[Nov. 1887–March 1888]

Future things.— Against the romanticism of great "passion."— To grasp that a quantum of coldness, lucidity, hardness is part of all "classical" taste: logic above all, happiness in spirituality, "three unities," concentration, hatred for feeling, heart, esprit, hatred for the manifold, uncertain, rambling, for intimations, as well as for the brief, pointed, pretty, good–natured. One should not play with artistic formulas: one should remodel life so that afterward it has to formulate itself.

It is an amusing comedy at which we have only now learned to laugh, which we only now see: that the contemporaries of Herder, Winckelmann, Goethe, and Hegel claimed to have rediscovered the classical ideal —and at the same time Shakespeare!— And the same generation had meanly repudiated the French classical school! as if the essential things could not have been learned here as well as there!— But one desired "nature," "naturalness": oh stupidity! One believed that classicism was a kind of naturalness!

To think through, without prejudice or indulgence, in what soil a classical taste can grow. Hardening, simplification, strengthening, making man more evil: these belong together. Logical psychological simplification. Contempt for detail, complexity, the uncertain.

The romantics in Germany do not protest against classicism, but against reason, enlightenment, taste, the eighteenth century.

The sensibility of romantic–Wagnerian music: antithesis of classical sensibility.

The will to unity (because unity tyrannizes —namely over the listener, spectator); but inability to tyrannize over oneself concerning the main thing —namely in regard to the work itself (omitting, shortening, clarifying, simplifying). Overwhelming through masses (Wagner, Victor Hugo, Zola, Taine).

849
[1887 年 11 月至 1888 年 3 月]

未来。——反对具有伟大"激情"的浪漫主义。——要懂得一定程度的冷酷、清醒、强硬是所有"古典"趣味的一部分：逻辑高于一切，灵性中的幸福，"三一律"，集中，对感觉、情绪、精神的憎恶，讨厌杂多、不确定、散漫无章，对朦胧暗示的憎恨，以及对简略、尖锐、漂亮与和善的厌恶。人不应当玩弄艺术公式，而应当改造生活以使它自身日后必去自我表述。

这是一场轻松的喜剧，我们直到现在才学会对它绽放笑容，我们直到现在才看到：赫尔德、温克尔曼、歌德以及黑格尔的同时代者们都声称重新发现了古典理想——同时还有莎士比亚！而且此同一代人还卑鄙地与法国古典主义学派断绝了关系，就好似从这里压根不可能学到根本的东西！但是人们却渴望"天性""自然而然"：哎 愚蠢！人们竟相信古典性是一种自然而然！ [1]

不带偏见和迁就地彻底想一想，在何种土地之上能够生长出一种古典品位。人的硬化、简化、强化、丑化，它们相互密不可分。逻辑的心理的简化。对于细节、复杂性、不确定的蔑视。

德国的浪漫主义并不反对古典主义，但是反对理性、启蒙、品位、18 世纪。

瓦格纳式浪漫主义音乐的感性：古典主义感性的对立面。

统一性的意志（因为统一性施行暴力统治，即施加于听众、观众）；但是在要点之上却无力于自身施以暴政，即就作品本身而言（删减、缩短、澄明、简化）。以量取胜（瓦格纳、维克多·雨果、左拉、泰纳）。

1.详情参见《瞧这个人》中的《我为什么这样聪明》一文。——译者注

850.

Der Nihilismus der Artisten. – Die Natur grausam durch ihre Heiterkeit; cynisch mit ihren Sonnenaufgängen. Wir sind feindselig gegen Rührungen. Wir flüchten dorthin, wo die Natur unsere Sinne und unsre Einbildungskraft bewegt; wo wir Nichts zu lieben haben, wo wir nicht an die moralischen Scheinbarkeiten und Delikatessen dieser nordischen Natur erinnert werden; – und so auch in den Künsten. Wir ziehen vor, was nicht mehr uns an »Gut und Böse« erinnert. Unsre moralistische Reizbarkeit und Schmerzfähigkeit ist wie erlöst in einer furchtbaren und glücklichen Natur, im Fatalismus der Sinne und der Kräfte. Das Leben ohne Güte.

Die Wohlthat besteht im Anblick der großartigen Indifferenz der Natur gegen Gut und Böse. Keine Gerechtigkeit in der Geschichte, keine Güte in der Natur: deshalb geht der Pessimist, falls er Artist ist, dorthin in historicis, wo die Absenz der Gerechtigkeit selber noch mit großartiger Naivetät sich zeigt, wo gerade die Vollkommenheit zum Ausdruck kommt –, und insgleichen in der Natur dorthin, wo der böse und indifferente Charakter sich nicht verhehlt, wo sie den Charakter der Vollkommenheit darstellt ... Der nihilistische Künstler verräth sich im Wollen und Bevorzugen der cynischen Geschichte, der cynischen Natur.

850

[Spring–Fall 1887]

The nihilism of artists.— Nature cruel in her cheerfulness; cynical in her sunrises. We are enemies of sentimental emotions. We flee to where nature moves our senses and our imagination; where we have nothing to love, where we are not reminded of the moral semblances and delicacies of this northerly nature —and the same is the case in the arts. We prefer that which no longer reminds us of "good and evil." Our moralistic susceptibility to stimuli and pain is, as it were, redeemed by a terrible and happy nature, in the fatalism of the senses and forces. Life without goodness.

The benefit consists in the contemplation of nature's magnificent indifference to good and evil.

No justice in history, no goodness in nature: that is why the pessimist, if he is an artist, goes in historicis to those places where the absence of justice itself is revealed with splendid naiveté, where perfection comes into view −and also in nature, to those places where her evil and indifferent character is not disguised, where she exhibits the character of perfection− The nihilistic artist betrays himself in willing and preferring cynical history, cynical nature.

850

[1887 年春至秋]

艺术家的虚无主义。—— 其欢乐之中的残酷本性；其朝日之下的玩世不恭。我们是感性情绪的敌人。我们逃至自然打动我们感官和想象的地方；这个地方使我们无以为爱，使我们忘却这个北方自然的道德表象与精致；而且在艺术之中也是如此。我们偏爱那些使我们忘却"善与恶"的东西。我们对于刺激和痛苦的道德敏感性，被一种可怕又幸福的自然，于感官和力量的宿命论中得以拯救。生命无善。

福祉就存在于自然对善与恶的恢宏冷漠的一瞥之中。

历史无正义，自然无善：倘若悲观主义者成为艺术家的话，这就是他走进历史的原因，去到那些正义的缺席与非凡的天真一同出现的地方，那里完美亦到场——并且也走进自然中，那个丑恶和冷漠的性格可以暴露无遗的地方，那个得以展示完满标志的地方——虚无主义艺术家在意欲和偏爱玩世不恭的历史与玩世不恭的自然中暴露了自己。

851.

Was ist tragisch? – Ich habe zu wiederholten Malen den Finger auf das große Mißverständniß des Aristoteles gelegt, als er in zwei deprimirenden Affekten, im Schrecken und im Mitleiden, die tragischen Affekte zu erkennen glaubte. Hätte er Recht, so wäre die Tragödie eine lebensgefährliche Kunst: man müßte vor ihr wie vor etwas Gemeinschädlichem und Anrüchigem warnen. Die Kunst, sonst das große Stimulans des Lebens, ein Rausch am Leben, ein Wille zum Leben, würde hier, im Dienste einer Abwärtsbewegung, gleichsam als Dienerin des Pessimismus gesundheitsschädlich (– denn daß man durch Erregung dieser Affekte sich von ihnen »purgirt«, wie Aristoteles zu glauben scheint, ist einfach nicht wahr). Etwas, das habituell Schrecken oder Mitleid erregt, desorganisirt, schwächt, entmuthigt: – und gesetzt, Schopenhauer behielte Recht, daß man der Tragödie die Resignation zu entnehmen habe (d. h. eine sanfte Verzichtleistung auf Glück, auf Hoffnung, auf Willen zum Leben), so wäre hiermit eine Kunst concipirt, in der die Kunst sich selbst verneint. Tragödie bedeutete dann einen Auflösungsproceß: der Instinkt des Lebens sich im Instinkt der Kunst selbst zerstörend. Christentum, Nihilismus, tragische Kunst, physiologische décadence: das hielte sich an den Händen, das käme zur selben Stunde zum Übergewicht, das triebe sich gegenseitig vorwärts – abwärts ... Tragödie wäre ein Symptom des Verfalls.

Man kann diese Theorie in der kaltblütigsten Weise widerlegen: nämlich indem man vermöge des Dynamometers die Wirkung einer tragischen Emotion mißt. Und man bekommt als Ergebnis; was zuletzt nur die absolute Verlogenheit eines Systematikers verkennen kann: – daß die Tragödie ein tonicum ist. Wenn Schopenhauer hier nicht begreifen wollte, wenn er die Gesammt–Depression als tragischem Zustand ansetzt, wenn er den Griechen (– die zu seinem Verdruß nicht »resignirten« ...)

zu verstehen gab, sie hätten sich nicht auf der Höhe der Weltanschauung

befunden: so ist das parti pris, Logik des Systems, Falschmünzerei

des Systematikers: eine jener schlimmen Falschmünzereien, welche

Schopenhauern, Schritt für Schritt, seine ganze Psychologie verdorben

hat (: er, der das Genie, die Kunst selbst, die Moral, die heidnische

Religion, die Schönheit, die Erkenntniß und ungefähr Alles willkürlich–

gewaltsam mißverstanden hat).

851

[Jan–Fall 1888]

What is tragic?— On repeated occasions I have laid my finger on Aristotle's great misunderstanding in believing the tragic affects to be two depressive affects, terror and pity. If he were right, tragedy would be an art dangerous to life: one would have to warn against it as notorious and a public danger. Art, in other cases the great stimulant of life, an intoxication with life, a will to life, would here, in the service of a declining movement and as it were the handmaid of pessimism, become harmful to health (—for that one is "purged" of these affects through their arousal, as Aristotle seems to believe, is simply not true). Something that habitually arouses terror or pity disorganizes, weakens, discourages–and supposing Schopenhauer were right that one should learn resignation from tragedy (i.e., a gentle renunciation of happiness, hope, will to life), then this would be an art in which art denies itself. Tragedy would then signify a process of disintegration: the instinct for life destroying itself through the instinct for art. Christianity, nihilism, tragic art, physiological decadence— these would go hand in hand, come into predominance at the same time, assist one another forward — downward— Tragedy would be a symptom of decline.

One can refute this theory in the most cold–blooded way: namely, by measuring the effects of a tragic emotion with a dynamometer. And one would discover as a result what ultimately only the absolute mendaciousness of a systematizer could misunderstand –that tragedy is a tonic. If Schopenhauer did not want to grasp this, if he posited a general depression as the tragic condition, if he suggested to the Greeks (—who to his annoyance did not "resign themselves"—) that they had not attained the highest view of the world —that is parti pris, logic of a system, counterfeit of a systematizer: one of those dreadful counterfeits that ruined Schopenhauer's whole psychology, step by step (—arbitrarily and violently, he misunderstood genius, art itself, morality, pagan religion, beauty, knowledge, and more or less everything).

851

［1888 年 1 月至秋］

　　何为悲剧？——我一再指出亚里士多德的巨大误解，他相信悲剧情绪是两种消极情绪，即恐惧和怜悯。假如他是对的，那么悲剧将会是一种于生命有危险的艺术：人们必须将之作为昭彰恶名和公共危害去警惕它。艺术，在其他地方作为生命伟大的兴奋剂，一种生命的醉，一种生命的意志，却将在此服务于一种下降的运动，好似它是悲观主义的婢女一般，成为有害健康的（——由此人们通过刺激这些情感而"净化"自身，如同亚里士多德似乎相信的那样，这显然不是真的）。某些惯常唤起恐惧或怜悯的东西使人瓦解、削弱、气馁——假设叔本华是对的，即人们应当从悲剧中学会听天由命（即一种对于幸福、希望、生命之意志的温柔放弃），那么这将会是一种自我否定的艺术。然后，悲剧将会意味着一种瓦解的过程：生命本能在艺术本能之中毁灭自身。基督教、虚无主义、悲剧艺术、生理衰弱，这些将会携手同时走入主宰地位，互助向前——向下——悲剧便是一种衰败的象征了。

　　人们可以以一种最冷血的方式来拒绝此理论，即通过功率计来测量悲剧情感的效果。人们将会发现最终只有系统主义者的绝对虚伪才会误判的结果——悲剧是一支强心剂。如果叔本华不想去抓住这一点，如果他将一种整体抑郁症作为悲剧的条件，如果他告诉希腊人（他们并未"听命"于他的不满），他们并未达到最高的世界观——这就是先入之见，是一种系统的逻辑，是系统主义者的伪造：这样一种糟糕的伪造一步一步地毁掉了叔本华的整个心理学（他武断粗暴地误解了天才、艺术自身、道德、异教信仰、美、知识以及几乎所有事物）。

852.

852.

Der tragische Künstler. – Es ist die Frage der Kraft (eines Einzelnen oder eines Volles), ob undwo das Urtheil »schön« angesetzt wird. Das Gefühl der Fülle, der aufgestauten Kraft (aus dem es erlaubt ist Vieles muthig und wohlgemuth entgegenzunehmen, vor dem der Schwächling schaudert) – das Machtgefühl spricht das Urtheil »schön« noch über Dinge und Zustände aus, welche der Instinkt der Ohnmacht nur als hassenswerth, als »häßlich« abschätzen kann. Die Witterung dafür, womit wir ungefähr fertig werden würden, wenn es leibhaft entgegenträte, als Gefahr, Problem, Versuchung, – diese Witterung bestimmt auch noch unser ästhetisches Ja. (»Das ist schön« ist eine Bejahung).

Daraus ergiebt sich, in's Große gerechnet, daß die Vorliebe für fragwürdige und furchtbare Dinge ein Symptom für Stärke ist: während der Geschmack am Hübschen und Zierlichen den Schwachen, den Delikaten zugehört. Die Lust an der Tragödie kennzeichnet starke Zeitalter und Charaktere: ihr non plus ultra ist vielleicht die divina commedia. Es sind die heroischen Geister, welche zu sich selbst in der tragischen Grausamkeit Ja sagen: sie sind hart genug, um das Leiden als Lust zu empfinden.

Gesetzt dagegen, daß die Schwachen von einer Kunst Genuß begehren, welche für sie nicht erdacht ist, was werden sie thun, um die Tragödie sich schmackhaft zu machen? Sie werden ihre eigenen Werthgefühle in sie hinein interpretiren: z.B. den »Triumph der sittlichen Weltordnung« oder die Lehre vom »Unwerth des Daseins« oder die Aufforderung zur »Resignation« (– oder auch halb medicinische, halb moralische Affekt–Ausladungen à la Aristoteles). Endlich: die Kunst des Furchtbaren, insofern sie die Nerven aufregt, kann als Stimulans bei den Schwachen und Erschöpften in Schätzung kommen: das ist heute z.B. der Grund für die Schätzung der Wagner'schen Kunst. Es ist ein Zeichen von Wohl– und Machtgefühl, wie weit Einer den Dingen ihren furchtbaren und fragwürdigen Charakter zugestehen darf; und ob er überhaupt »Lösungen« am Schluß braucht.

Diese Art Künstler–Pessimismus ist genau das Gegenstück zum moralisch–religiösen Pessimismus, welcher an der »Verderbniß« des Menschen, am Räthsel des Daseins leidet: dieser will durchaus eine Lösung, wenigstens eine Hoffnung auf Lösung. Die Leidenden, Verzweifelten, An–sich–Mißtrauischen, die Kranken mit Einem Wort, haben zu allen Zeiten die entzückenden Visionen nöthig gehabt, um es auszuhalten (der Begriff »Seligkeit« ist dieses Ursprungs). Ein verwandter Fall: die Künstler derdécadence, welche im Grunde nihilistisch zum Leben stehen, flüchten in die Schönheit der Form, – in die ausgewählten Dinge, wo die Natur vollkommen ward, wo sie indifferent groß und schön ist ... (– Die »Liebe zum Schönen« kann somit etwas Anderes als das Vermögen sein, ein Schönes zusehen, das Schöne zu schaffen: sie kann gerade der Ausdruck von Unvermögen dazu sein.)

Die überwältigenden Künstler, welche einen Consonanz–Ton aus jedem Konflikte erklingen lassen, sind die, welche ihre eigene Mächtigkeit und Selbsterlösung noch den Dingen zu Gute kommen lassen: sie sprechen ihre innerste Erfahrung in der Symbolik jedes Kunstwerkes aus, – ihr Schaffen ist Dankbarkeit für ihr Sein.

Die Tiefe des tragischen Künstlers liegt darin, daß sein ästhetischer Instinkt die ferneren Folgen übersieht, daß er nicht kurzsichtig beim Nächsten stehen bleibt, daß er die Ökonomie im Großenbejaht, welche das Furchtbare, Böse, Fragwürdige rechtfertigt, und nicht nur – rechtfertigt.

852
[Spring–Fall 1887; rev. Spring–Fall 1888]

The tragic artist. — It is a question of strength (of an individual or of a people), whether and where the judgment "beautiful"is applied. The feeling of plenitude, of dammed–up strength (which permits one to meet with courage and good-humor much that makes the weakling shudder) —the feeling of power applies the judgment "beautiful" even to things and conditions that the instinct of impotence could only find hateful and "ugly." The nose for what we could still barely deal with if it confronted us in the flesh —as danger, problem, temptation—this determines even our aesthetic Yes. ("That is beautiful" is an affirmation.)

From this it appears that, broadly speaking, a preference for questionable and terrifying things is a symptom of strength; while a taste for the pretty and dainty belongs to the weak and delicate. Pleasure in tragedy characterizes strong ages and natures: their non plus ultra is perhaps the divina commedia. It is the heroic spirits who say Yes to themselves in tragic cruelty: they are hard enough to experience suffering as a pleasure.

Supposing, on the other hand, that the weak desire to enjoy an art that is not meant for them; what would they do to make tragedy palatable for themselves? They would interpret their own value feelings into it; e.g., the "triumph of the moral world-order" or the doctrine of the "worthlessness of existence" or the invitation to "resignation" (—or half-medicinal, half-moral discharges of affects à la Aristotle). Finally: the art of the terrifying, in so far as it excites the nerves, can be esteemed by the weak and exhausted as a stimulus: that, for example, is the reason Wagnerian art is esteemed today. It is a sign of one's feeling of power and well-being how far one can acknowledge the terrifying and questionable character of things; and whether one needs some sort of "solution" at the end.

This type of artists' pessimism is precisely the opposite of that religio-moral pessimism that suffers from the "corruption" of man and the riddle of existence —and by all means craves a solution, or at least a hope for a solution. The suffering, desperate, self-mistrustful, in a word the sick, have at all times had need of entrancing visions to endure life (this is the origin of the concept "blessedness"). A related case: the artists of decadence, who fundamentally have a nihilistic attitude toward life, take refuge in the beauty of form —in those select things in which nature has become perfect, in which she is indifferently great and beautiful!— (—"Love of beauty" can therefore be something other than the ability to see the beautiful, create the beautiful; it can be an expression of the very inability to do so.)

Those imposing artists who let a harmony sound forth from every conflict are those who bestow upon things their own power and self–redemption: they express their innermost experience in the symbolism of every work of art they produce—their creativity is gratitude for their existence.

The profundity of the tragic artist lies in this, that his aesthetic instinct surveys the more remote consequences, that he does not halt shortsightedly at what is closest at hand, that he affirms the large–scale economy which justifies the terrifying, the evil, the questionable —and more than merely justifies them.

852

［1887 年春至秋，修订于 1888 年春至秋］

悲剧艺术家。这是一个力量的问题（一个个体或是一个民族的），是否以及在何处应用"美"的判断。充盈的感觉、聚集的力量的感觉（它允许人们更加勇敢和愉悦地接受许多东西，而孱弱之人却对之不寒而栗）——强力的感觉甚至对那些被萎靡无能的本能只会评价为可憎的和"丑"的事情和情况作出"美"的判断。对于我们仍勉强能够应付之物的察觉，如果它是我们亲身遭遇的——譬如危险、难题、诱惑——这种察觉甚至决定了我们的审美肯定（"这是美的"乃是一种肯定）。

大体而言，由此可以得出，一种对于可疑之物和可怕之物的偏好，乃是强大的标志，而对于漂亮和妩媚之物的品位则属于虚弱和易碎者。悲剧之中的愉悦标志着强大时代和性格：它们的此外无物（non plus ultra）[1] 或许是神圣喜剧（divina commedia）。这是在悲剧的残酷中肯定自身的英雄精神：他们足够坚强，将受难体验为一种愉悦。

1.原文为拉丁文，意为 nothing further beyond，始于神圣罗马帝国的查理五世以及西班牙王国的查理一世。——译者注

假设，对立而言，弱者们渴望享受一种并非为着他们的艺术；那么他们将会如何使自身对悲剧感兴趣呢？他们会将他们自己的价值感觉渗入对悲剧的解释之中，譬如"道德的世界秩序的胜利"，或者"生命的无意义"的学说，或者"听天由命"的要求（或者亚里士多德那里半医学、半道德的情感宣泄）。最终，恐怖的艺术，只要它刺激神经，就能够被虚弱者和衰竭者作为一种兴奋剂，这便是，譬如瓦格纳式艺术受到尊敬的原因。一个人能够在多大程度上认知事物的恐怖和可疑之特征，这是其幸福感和强力感的一种标志，以及他是否最终需要某种"解决方案"。

　　此种艺术家的悲观主义正好处在道德——宗教悲观主义的反面，后者承受着人之"堕落"和生命之谜的痛苦，并且无论如何都要渴求一个解决方案，或至少是一种对于解决方案的希望。受苦者、绝望者、自身怀疑者，一言以蔽之，即病者，任何时候都需要幻象来忍受生活（这便是"极乐"概念的起源）。一个相关的案例：颓废的艺术家，他们从根本上对生命是一种虚无主义的态度，避难于形式美之中——在那些特选的事物之中，自然变得完美，在那里自然漠然无殊地伟大和美好——（因此"对美之爱"可以是与看见美、创造美的能力不同的某种东西；它可以恰是无能于美的一种表现）。

　　那些压倒一切的艺术家，让每一种冲突都发出和谐之音的艺术家，即是将自身力量和自我解救赠予事物之人：他们在每一件他们制造的艺术作品的象征之中表达其最为内心的经验——他们的创造力乃是对其存在的感恩。

　　悲剧艺术家的深邃之处在于，他的审美本能会观察更远的结果，他不会目光短浅地紧盯切近之物，他肯定那种为恐怖、恶和可疑进行辩解的大层面的经济学，并且不仅仅只是辩解。

853.

Die Kunst in der »Geburt der Tragödie«.

I.

Die Conception des Werks, auf welche man in dem Hintergrunde dieses Buches stößt, ist absonderlich düster und unangenehm: unter den bisher bekannt gewordnen Typen des Pessimismus scheint keiner diesen Grad von Bösartigkeit erreicht zu haben. Hier fehlt der Gegensatz einer wahren und einer scheinbaren Welt: es giebt nur Eine Welt, und diese ist falsch, grausam, widersprüchlich, verführerisch, ohne Sinn ... Eine so beschaffene Welt ist die wahre Welt. Wir haben Lüge nöthig, um über diese Realität, diese »Wahrheit« zum Sieg zu kommen, das heißt, um zu leben ... Daß die Lüge nöthig ist, um zu leben, das gehört selbst noch mit zu diesem furchtbaren und fragwürdigen Charakter des Daseins.

Die Metaphysik, die Moral, die Religion, die Wissenschaft – sie werden in diesem Buche nur als verschiedne Formen der Lüge in Betracht gezogen: mit ihrer Hülfe wird an's Leben geglaubt. »Das Lebensoll Vertrauen einflößen«: die Aufgabe, so gestellt, ist ungeheuer. Um sie zu lösen, muß der Mensch schon von Natur Lügner sein, er muß mehr als alles Andere Künstler sein. Und er ist es auch: Metaphysik, Religion, Moral, Wissenschaft – Alles nur Ausgeburten seines Willens zur Kunst, zur Lüge, zur Flucht vor der »Wahrheit«, zur Verneinung der »Wahrheit«. Das Vermögen selbst, dank dem er die Realität durch die Lüge vergewaltigt, dieses Künstler–Vermögen des Menschen par excellence – er hat es noch mit Allem, was ist, gemein. Er selbst ist ja ein Stück Wirklichkeit, Wahrheit, Natur: wie sollte er nicht auch ein Stück Genie der Lüge sein!

Daß der Charakter des Daseins verkannt werde – tiefste und höchste Geheim–Absicht hinter Allem, was Tugend, Wissenschaft, Frömmigkeit, Künstlerthum ist. Vieles niemals sehn, Vieles falsch sehn, Vieles

THE WILL TO POWER AS ART   129

hinzusehn: oh wie klug man noch ist, in Zuständen, wo man am fernsten davon ist, sich für klug zu halten! Die Liebe, die Begeisterung, »Gott« – lauter Feinheiten des letzten Selbstbetrugs, lauter Verführungen zum Leben, lauter Glaube an das Leben! In Augenblicken, wo der Mensch zum Betrognen ward, wo er sich überlistet hat, wo er an's Leben glaubt: oh wie schwillt es da in ihm auf! Welches Entzücken! Welches Gefühl von Macht! Wie viel Künstler–Triumph im Gefühl der Macht!... Der Mensch ward wieder einmal Herr über den »Stoff«, – Herr über die Wahrheit! ... Und wann immer der Mensch sich freut, er ist immer der Gleiche in seiner Freude: er freut sich als Künstler, er genießt sich als Macht, er genießt die Lüge als seine Macht ...

Ⅱ.

Die Kunst und nichts als die Kunst! Sie ist die große Ermöglicherin des Lebens, die große Verführerin zum Leben, das große Stimulans des Lebens.

Die Kunst als einzig überlegene Gegenkraft gegen allen Willen zur Verneinung des Lebens, als das Antichristliche, Antibuddhistische, Antinihilistische par excellence.

Die Kunst als die Erlösung des Erkennenden, – Dessen, der den furchtbaren und fragwürdigen Charakter des Daseins sieht, sehen will, des Tragisch–Erkennenden.

Die Kunst als die Erlösung des Handelnden, – Dessen, der den furchtbaren und fragwürdigen Charakter des Daseins nicht nur sieht, sondern lebt, leben will, des tragisch–kriegerischen Menschen, des Helden.

Die Kunst als die Erlösung des Leidenden, – als Weg zu Zuständen, wo das Leiden gewollt, verklärt, vergöttlicht wird, wo das Leiden eine Form der großen Entzückung ist.

Ⅲ.

Man sieht, daß in diesem Buche der Pessimismus, sagen wir deutlicher der Nihilismus, als die »Wahrheit« gilt. Aber die Wahrheit gilt nicht als oberstes Werthmaaß, noch weniger als oberste Macht. Der Wille zum Schein, zur Illusion, zur Täuschung, zum Werden und

Wechseln (zur objektivirten Täuschung) gilt hier als tiefer, ursprünglicher, »metaphysischer« als der Wille zur Wahrheit, zur Wirklichkeit, zum Schein: – letzterer ist selbst bloß eine Form des Willens zur Illusion. Ebenso gilt die Lust als ursprünglicher als der Schmerz: der Schmerz erst als bedingt, als eine Folgeerscheinung des Willens zur Lust (des Willens zum Werden, Wachsen, Gestalten, d.h. zum Schaffen: im Schaffen ist aber das Zerstören eingerechnet). Es wird ein höchster Zustand von Bejahung des Daseins concipirt, aus dem auch der höchste Schmerz nicht abgerechnet werden kann: der tragisch–dionysische Zustand.

IV.

Dies Buch ist dergestalt sogar antipessimistisch: nämlich in dem Sinne, daß es Etwas lehrt, das stärker ist als der Pessimismus, das »göttlicher« ist als die Wahrheit: die Kunst. Niemand würde, wie es scheint, einer radicalen Verneinung des Lebens, einem wirklichen Nein thun noch mehr als einem Neinsagen zum Leben ernstlicher das Wort reden, als der Verfasser dieses Buches. Nur weiß er – er hat es erlebt, er hat vielleicht nichts Anderes erlebt! – daß die Kunst mehr werth ist, als die Wahrheit.

In der Vorrede bereits, mit der Richard Wagner wie zu einem Zwiegespräche eingeladen wird, erscheint dies Glaubensbekenntniß, dies Artisten–Evangelium: »die Kunst als die eigentliche Aufgabe des Lebens, die Kunst als dessen metaphysische Thätigkeit...«

853

Art in the "Birth of Tragedy"

(I)

The conception of the work that one encounters in the background of this book is singularly gloomy and unpleasant: no type of pessimism known hitherto seems to have attained to this degree of malevolence. The antithesis of a real and an apparent world is lacking here: there is only one world, and this is false, cruel, contradictory, seductive, without meaning—A world thus constituted is the real world. We have need of lies in order to conquer this reality, this "truth," that is, in order to live— That lies are necessary in order to live is itself part of the terrifying and questionable character of existence.

Metaphysics, morality, religion, science—in this book these things merit consideration only as various forms of lies: with their help one can have faith in life. "Life ought to inspire confidence": the task thus imposed is tremendous. To solve it, man must be a liar by nature, he must be above all an artist. And he is one: metaphysics, religion, morality, science —all of them just figments of his will to art, to lie, to flight from "truth," to negation of "truth." This ability itself, thanks to which he violates reality by means of lies, this artistic ability of man par excellence—he has it in common with everything that is. He himself is after all a piece of reality, truth, nature: how should he not also be a piece of genius in lying!

That the character of existence is to be misunderstood — profoundest and supreme secret motive behind all that is virtue, science, piety, artistry. Never to see many things, to see many things falsely, to imagine many things: oh how shrewd one still is in circumstances in which one is furthest from thinking oneself shrewd! Love, enthusiasm, "God" — So many subtleties of ultimate self deception, so many seductions to life, so much faith in life! In those moments in which man was deceived, in which he duped himself, in which he believes in life: oh how enraptured he feels! What delight! What a feeling of power! How much artists' triumph in the feeling of power!— Man has once again become master of "material" —master of truth!— And whenever man rejoices, he is always the same in his rejoicing: he rejoices as an artist, he enjoys himself as power, he enjoys the lie as his form of power.—

(Ⅱ)

Art and nothing but art! It is the great means of making life possible, the great seduction to life, the great stimulant of life.

Art as the only superior counterforce to all will to denial of life, as that which is anti−Christian, anti−Buddhist, antinihilist par excellence.

Art as the redemption of the man of knowledge— of those who see the terrifying and questionable character of existence, who want to see it, the men of tragic knowledge.

Art as the redemption of the man of action— of those who not only see the terrifying and questionable character of existence but live it, want to live it, the tragic–warlike man, the hero.

Art as the redemption of the sufferer—as the way to states in which suffering is willed, transfigured, deified, where suffering is a form of great delight.

(Ⅲ)

One will see that in this book pessimism, or to speak more clearly, nihilism, counts as "truth." But truth does not count as the supreme value, even less as the supreme power. The will to appearance, to illusion, to deception, to becoming and change (to objectified deception) here counts as more profound, primeval, "metaphysical" than the will to truth, to reality, to mere appearance: —the last is itself merely a form of the will to illusion. In the same way, pleasure counts as being more primeval than pain: pain only as conditioned, as a consequence of the will to pleasure (of the will to become, grow, shape, i.e., to create: in creation, however, destruction is included). A highest state of affirmation of existence is conceived from which the highest degree of pain cannot be excluded: the tragic–Dionysian state.

(Ⅳ)

In this way, this book is even anti–pessimistic: that is, in the sense that it teaches something that is stronger than pessimism, "more divine" than truth: art. Nobody, it seems, would more seriously propose a radical negation of life, a really active negation even more than merely saying No to life, than the author of this book. Except that he knows — he has experience of it, perhaps he has experience of nothing else!—that art is worth more than truth.

Already in the preface, in which Richard Wagner is invited as to a dialogue, this confession of faith, this artists' gospel, appears: "art as the real task of life, art as life's metaphysical activity—."

《悲剧的诞生》之中的艺术 [1]

（1）

此书背景中所涉及的作品概念尤其令人阴郁且不愉快：迄今为止似乎还未有任何已知的悲观主义类型达到这般险恶的程度。一种真实世界与表象世界的对立在此缺席：只有一个世界，它是虚假的、残暴的、矛盾的、诱惑的、无意义的——一个如此构建起来的世界才是真实世界。为了克服此现实、此"真实"，即为了生存，我们需要谎言——那为着生存所必需的谎言自身即是生命之恐怖和可疑的特征的一部分。

形而上学、道德、宗教、科学——在此书中，这些东西不过是谎言的不同形式，借此人们才会信仰生命。"生命应当激发自信心"，由此带来的任务是惊人庞大的。为了解决它，人必须天生就是说谎者，他必须别无他法地成为一位艺术家。而且他着实如此：形而上学、信仰、道德、科学——所有这些都只不过是他的艺术的意志，说谎的意志，逃离"真实"、否定"真实"的意志的衍生品。就是这力量，人凭借它以谎言的方式强暴了现实，这卓越之人的艺术家才能——他同所有这类人一样，具备此才能。他的自身却究竟是现实、真实、自然的一分子：他又如何不是说谎天才的一分子！

生命的特征即是去误解——隐藏在一切美德、科学、虔敬、艺术身后的至深至高的秘密动机。许多未曾见的，许多看错了的，许多应看见的：当人们处于距离自己所谓的聪明相去最远的时刻，还能够有多聪明！爱、狂热、"上帝"——如此多终极自我欺骗的奥妙，如此多生命之诱惑的精妙，如此多生命之信仰的巧妙！人们的那些被欺、自欺、相信生命的时刻：啊！他感到多么欣喜！多么愉悦！如此拥有强力的感觉！在强力感中有多少艺术家的胜利啊！——人又一次成为"质料"的主人——真理的主人！——不论人在何时感到喜悦，在其喜悦之中的他总是相同的：他欣喜于成为一位艺术家，他乐于自身作为强力，又享受着

---

1. 此段落原本是新版《悲剧的诞生》的序言草稿中的一部分，根据 1911 年 Peter Gast 的版本，可能完成于 1886 年的秋天。但是，Musarion 对于手稿的笔记本页面的编辑版本，则标注为 1887 年 11 月至 1888 年 3 月完成。——译者注

将谎言当作强力。

（2）

艺术，除了艺术别无他物！这是使生命成为可能的伟大手段，是生命的伟大诱惑，是生命了不起的兴奋剂。

面对一切否定生命的意志，艺术作为唯一的高级对抗力量，作为卓越的反基督教、反佛教、反虚无主义的力量。

艺术作为知者的救赎——那些看到存在之恐怖和可疑特征的人，那些愿意正视它的人，他们是知晓悲剧之人。

艺术作为行动者的救赎——那些看到存在之恐怖和可疑的特征，却与之共生，愿意去生活的人，他们是挑战悲剧之人，英雄。

艺术作为受难者的救赎——作为通向那苦难被意欲、升华、神化之境界的道路，苦难与彼处乃是巨大喜悦的一种形式。

（3）

人们将在此书之中看到，悲观主义，或者说得更明白些，虚无主义，被视为"真理"。但是真理并未被视为一种最高价值，甚至未被视为最高的强力。对于外观、幻相、欺骗、生成和变化（对象化的欺骗）的意志在此比对于真相、现实、表象的意志更加深刻，更加原初，更加"形而上"：后者本身仅是幻相意志的一种形式。同样，快乐被视为是比痛苦更原初的：痛苦只是有条件的，作为快乐的意志（即生成、增长、赋形的意志，也就是，创造之意志，然而，破坏亦在创造之中）的一种结果。生命之肯定的最高状态得以创建，这种状态无法消除最高程度的痛苦，此即悲剧的狄奥尼索斯式的状态。

（4）

如此，此书甚至是反悲观主义的，即在它教导某种比悲观主义更加强大的东西之意义而言，比真理"更有神性"：艺术。似乎无人能够比此书作者更加严肃地提出一种对生命的彻底否定，一种超越仅仅对生命说不的真正积极的否定。除了他知道——他对此有体验，也许对于其他事物他一无所知！——艺术比真理更有价值！

此书的前言似乎邀请理查德·瓦格纳进行了一场对话，已然如信仰之自白，艺术家的福音书："艺术作为生命之真正使命，作为生命之形而上的活动。"

附录 1：尼采生平

1844 年		10 月 15 日，在普鲁士萨克森州（Sachsen）吕岑（Lützen）的郊区洛肯（Röcken）出生。
1849 年	5 岁	7 月 30 日，作为虔诚路德教派牧师的父亲患脑软化症病逝。
1850 年	6 岁	举家迁往塞尔河畔的瑙姆堡（Naumburg）。
1854 年	10 岁	5 月，在瑙姆堡大教堂听到亨德尔（George Friedrich Handel）的《弥赛亚》（*Messiah*），开始尝试作曲和写诗。
1858 年	14 岁	8 月，写作自传《来自我的生活》（*Aus meinem Leben*）； 10 月，进入瑙姆堡近郊的普福塔高等学校（Pforta）读书。
1960 年	16 岁	7 月，与童年伙伴克鲁格（Gustav Krug）和班德尔（Wilhelm Pinder）共同成立了探索音乐与文学的文艺社团日耳曼尼亚（Germania）。
1861 年	17 岁	7 月，为社团写作《埃尔马纳里克，东歌德人的国王》（*Ermanarich, Ostgothenkönig*），自评为学生时代中唯一一篇基本满意的作品。
1862 年	18 岁	9—10 月，为社团写作《命运与历史》（*Fatum und Geschichte*）、《自由意志与命运》（*Willensfreiheit und Fatum*）。
1864 年	20 岁	4 月，写作《论倾向》（*Über Stimmungen*）； 10 月，从普福塔高等学校毕业，赴波恩大学学习神学与古典文献学，对此前的信仰产生怀疑。
1865 年	21 岁	9 月，跟随导师李契尔（Ritschl）转入莱比锡大学学习语言学（philology）； 10 月，在二手书店发现叔本华（Arthur Schopenhauer）的著作《作为意志与表象的世界》（*Die Welt als Wille und Vorstellung*）。
1866 年	22 岁	开始与导师门下的罗德（Erwin Rohde）建立友谊。
1867 年	23 岁	8 月，写作自传文章《回顾我在莱比锡的两年》（*Rückblick auf meine zwei Leipziger Jahre*）； 10 月，参加瑙姆堡炮兵联队时从马上摔下导致胸骨受伤。

1868 年 24 岁 4 月，因伤退伍；

11 月，在莱比锡（Leipzig）初识瓦格纳（Wilhelm Richard Wagner）及其音乐，两人随后成为至交。

1869 年 25 岁 2 月，受聘于瑞士巴塞尔大学，担任古典语言学的教学工作；

4 月，脱离普鲁士国籍，加入瑞士国籍；

5 月 17 日，初次访问瑞士中部卢塞思（Luzern）近郊的瓦格纳家；

5 月 28 日，在巴塞尔大学发表题目为《论荷马的性格》（*Über die Persönlichkeit Homers*）的就职演讲，其后整理发表《荷马与古典与文学》（*Homer und die klassische Philologie*）。

1870 年 26 岁 1 月，公开讲授《希腊音乐悲剧》（*Das griechische Musikdrama*）；

2 月，公开讲授《苏格拉底与悲剧》（*Sokrates und die Tragödie*）；

3 月，获教授资格；

4 月，开始与史学家弗朗茨·奥韦尔贝克（Franz Overbeck）的友谊；

8 月，志愿参加普法战争担任卫生兵。

1872 年 28 岁 1 月，初次出版《自音乐精神中悲剧的诞生》（*Die Geburt der Tragödie aus dem Geiste der Musik*）；

2—3 月，在巴塞尔大学演讲，发表《论我们的教育机构之未来》（*Über die Zukunft unserer Bildungsanstalten*）；

4 月，瓦格纳家迁离特里伯森（Tribschen）：

5 月，在拜罗伊特（Bayreuth）剧场的开工典礼上，与瓦格纳重晤。

1873 年 29 岁 《不合时宜的考察》（*Unzeitgemässe Betrachtungen*）的第一篇出版。

1874 年 30 岁 发表《不合时宜的考察》的第二篇及第三篇；阅读司汤达（Stendhal）的小说《红与黑》（*Le Rouge et le Noi*）。

1876 年 32 岁 5 月，申请巴塞尔大学的工作暂离；

7 月，发表《不合时宜的考察》的第四篇；

8 月，在拜罗伊特首演中途退场；

10 月，尼采与瓦格纳在那不勒斯（Naples）最后一次重逢，瓦格纳讲在创作中的《帕西法尔》（*Pasifal*），尼采则撰写了《人性，太人性的》（*Menschliches, Allzumenschliches*）的备忘录。

1877 年	33 岁	9 月，重返巴塞尔大学授课。
1878 年	34 岁	1 月，瓦格纳赠送《帕西法尔》一书； 5 月，《人性，太人性的》的第一篇出版，致瓦格纳最后一封信并附《人性，太人性的》赠书一册，两人友谊关系破裂。
1879 年	35 岁	5 月，重病，辞去巴塞尔大学教席，《人性，太人性的》的第二篇上半部出版； 12 月，发表《漂泊者及其影子》（*Der Wanderer und sein Schatten*），其后作为《人性，太人性的》的第二篇下半部分出版。
1880 年	36 岁	3 月，旅行至威尼斯（Venice）；
1881 年	37 岁	1 月，完成《朝霞》，并于 6 月出版； 7 月，在阿尔卑斯山谷中的锡尔斯玛利亚（Sils-Maria）的恩加丁（Engadine）度夏； 8 月，途径一块锥形岩石，孕育"永恒轮回"（Ewige Wiederkunft）的思想： 11 月，在日内瓦（Genoa）初次聆赏比才（Bizet）的《卡门》（*Carmen*）。
1881—1882 年		写作《快乐的科学》（*Die fröhliche Wissenschaft*）。
1882 年	38 岁	4 月，至西西里（Sicilia）旅行，与莎乐美（Lou Andreas-Salomé）相遇； 5—9 月，完成并出版《快乐的科学》。
1883 年	39 岁	2 月，瓦格纳病逝，撰写《查拉图斯特拉如是说》(*Also sprach Zarathustra*)第一部，并于 6 月出版； 7 月，抵达锡尔斯玛利亚，开始执笔《查拉图斯特拉如是说》第二部；

12 月，在尼斯（Nice）过冬。

1884 年　40 岁　1 月，在威尼斯执笔撰写《查拉图斯特拉如是说》第三部，并于 4 月出版；

8 月，海因里希·冯·施泰因（Heinrich von Stein）在锡尔斯玛利亚造访尼采；

11 月，写作《查拉图斯特拉如是说》第四部，读陀思妥耶夫斯基（Fyodor Dostoevsky）的小说《罪与罚》（*Crime and Punishment*）。

1885 年　41 岁　6 月，抵达锡尔斯玛利亚，写作《善恶的彼岸》（*Jenseits von Gut und Böse*）。

1886 年　42 岁　3—4 月，在莱比锡与罗德最后一次会面；

7 月，《善恶的彼岸》出版。

1887 年　43 岁　7 月，完成《道德谱系学》（*Zur Genealogie der Moral*）；

11 月，致罗德最后一封信。

1888 年　44 岁　4 月，前往都灵（Turin）；文学评论家格奥尔格·布兰德斯（Georg Brandes）在哥本哈根大学开设关于尼采的讲座；

5—8 月，撰写《瓦格纳事件》（*Der Fall Wagner*），并于 9 月出版，写作诗歌《狄奥尼索斯颂歌》（*Dionysos-Dithyramben*）；

8 月，撰写《偶像的黄昏》（*Götzen-Dämmerung*），并于次年 1 月出版；

9 月，撰写《敌基督者》（*Der Antichrist*），于 1984 年 11 月出版；

10 月，撰写《瞧，这个人》（*Ecce Homo*），出版于 1904 年 4 月；

12 月，撰写《尼采反对瓦格纳》（*Nietzsche contra Wagner*），并于次年 2 月出版。

1889 年　45 岁　1 月初，在都灵的广场上精神崩溃，被送进耶拿大学医院精神科，母亲赶来照顾。

1897 年　53 岁　母亲病逝后，与妹伊丽莎白（Elisabeth Föster-Nietsche）移居魏玛（Weimar），并由伊丽莎白一直照顾。

1900 年　56 岁　8 月 25 日，在魏玛病逝；28 日，葬于洛肯的教学墓地。

附录 2：尼采作品谱系

Fünf Vorreden zu fünf ungeschriebenen Büchern / Five Prefaces on Five Unwritten Books / 五篇前言——关于五本未写的书：

— *Über das Pathos der Wahrheit / On the Pathos of Truth* / 论真理的激情

— *Gedanken über die Zukunft unserer Bildungsanstalten / Thoughts on the Future of Our Educational Institutions* / 关于我们教育机构之未来的思考

—*Der griechische Staat / The Greek State* / 古希腊国家

— *Das Verhältnis der Schopenhauerischen Philosophie zu einer deutschen Cultur / The Relation between a Schopenhauerian Philosophy and a German Culture* / 叔本华哲学与德国文化的关系

— *Homers Wettkampf / Homer's Contest* / 荷马的竞赛

1872 年

Die Geburt der Tragödie / The Birth of Tragedy / 悲剧的诞生

1873 年

Über Wahrheit und Lüge im außermoralischen Sinn / On Truth and Lies in a Nonmoral Sense / 真理和谎言之非道德论

Die Philosophie im tragischen Zeitalter der Griechen / Philosophy in the Tragic Age of the Greeks / 希腊人悲剧时代的哲学

Unzeitgemässe Betrachtungen / Untimely Meditations / 不合时宜的考察（1873—1876）：

—*David Strauss: der Bekenner und der Schriftsteller / David Strauss: the Confessor and the Writer* / 大卫·施特劳斯：自白者与作家（第一卷）

— *Vom Nutzen und Nachtheil der Historie für das Leben / On the Use and Abuse of History for Life* / 论历史对生命的损益（第二卷）

— *Schopenhauer als Erzieher / Schopenhauer as Educator* / 教育家叔本华（第三卷）

— *Richard Wagner in Bayreuth* / *Richard Wagner in Bayreuth* / 理查德·华格纳在拜罗伊特（第四卷）

1878—1880 年

Menschliches, Allzumenschliches / *Human, All-Too-Human* / 人性，太人性的
Vermischte Meinungen und Sprüche / *Mixed Opinions and Maxims* / 见解与箴言杂录
Der Wanderer und sein Schatten / *The Wanderer and His Shadow* / 漫游者和他的影子 [1]

1881 年

Morgenröte / *The Dawn* / 朝霞

1882 年

Die fröhliche Wissenschaft / *The Gay Science* / 快乐的科学

1883—1885 年

Also sprach Zarathustra / *Thus Spoke Zarathustra* / 查拉斯特拉如是说

1886 年

Jenseits von Gut und Böse / *Beyond Good and Evil* / 善恶的彼岸

1887 年

Zur Genealogie der Moral / *On the Genealogy of Morality* / 道德谱系学

1.《见解与箴言杂录》和《漫游者和他的影子》是尼采为纪念伏尔泰逝世 100 周年所作的《人性的，太人性的》第二卷的内容。

1888 年

Der Fall Wagner / The Case of Wagner / 瓦格纳事件

Götzen–Dämmerung / The Twilight of the Idols / 偶像的黄昏

Der Antichrist / The Antichrist / 敌基督者

Ecce Homo / Ecce Homo / 瞧，这个人

Nietzsche contra Wagner / Nietzsche contra Wagner / 尼采反对瓦格纳

1901 年

Der Wille zur Macht / The Will to Power / 强力意志 [1]

---

1. 这是尼采生前并未发表的手稿，妹妹伊丽莎白将这些笔记整理成为《强力意志》（亦作《权力意志》）一书出版。

Herakles and Dionysus （*detail*）

Athenian red–figure pottery painting, a. 500 B.C.

赫拉克勒斯与狄奥尼索斯（细节）

古希腊红绘瓶画，约公元前 5 世纪

Dionysus and the Tyrrhenian pirates as dolphins

Athenian black–figure kylix, 530 B.C.

Staatliche Antikensammlungen

《狄奥尼索斯与变成海豚的第勒尼安海盗》

古希腊黑绘基里克斯陶杯，公元前 530 年

德国慕尼黑州立文物博物馆

Bacchanale mit Silen

Albrecht Dürer

Engraving, 27 cm × 42 cm, c. 1475–1480

《酒神与西勒诺斯》

阿尔布雷特·丢勒

版画，27 cm × 42 cm, 约 1475—1480 年

Bacchus

Michelangelo Merisi, Caravaggio

Oil canvas, 96 cm × 86 cm, 1596–1597

Uffizi Gallery

《酒神》

米开朗基罗·梅里西·卡拉瓦乔

布面油画，95 cm × 86 cm，1596—1597 年

意大利佛罗伦萨乌菲齐美术馆

Death of Orpheus

Albrecht Dürer

Pen drawing, 28.9 cm × 22.4 cm, 1494

Kunsthallle Hamburg

《俄耳普斯之死》

阿尔布雷特·丢勒

钢笔画，28.9 cm × 22.4 cm，1494 年

德国汉堡艺术馆

The Ship of Fools

Hieronymus Bosch

Oil on wood, 58 cm × 33 cm, c. 1490 – 1500

Le Musée du Louvre

《愚人船》

希罗尼穆斯·博斯

木板油画 58 cm × 33 cm，约 1490—1500 年

法国巴黎卢浮宫博物馆

El Triunfo de Baco，o '*Los Borrachos*'

Diego Velázquez

Oil on canvas, 165 cm × 255 cm, 1628–1629

Museo del Prado

《巴克斯凯旋》

迭戈·委拉斯开兹

布面油画，165 cm × 255 cm，1628—1629 年

意大利普拉多博物馆

Faust：*why grin，you hollow skull*？

Eugène Delacroix

Lithograph, 1827

《浮士德：为什么发笑，你这空心头骨？》

欧仁·德拉克洛瓦

石板插画，1827 年

Apollo and Silenus

Giovanni Battista Piranesi

Etching prints, 1770

《阿波罗与西勒诺斯》

乔凡尼·巴蒂斯塔·皮拉内西

蚀刻版画，1770 年

Mephistopheles flying over Wittenberg

Eugène Delacroix

Lithograph, 1827

《梅菲斯特菲勒斯飞过威滕贝格》

欧仁·德拉克罗瓦

石版插画，1827 年

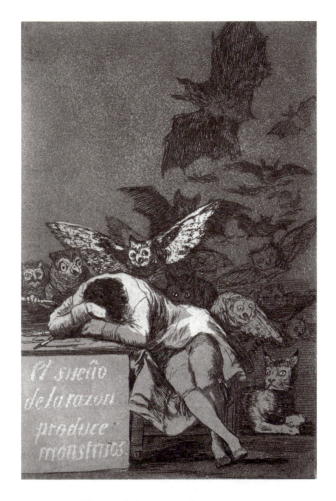

El sueno de la razon produce monstrous

Francisco de Goya

Aquatint, etching, paper,15.2 cm × 21.8 cm, 1799

Private Collection

《理性沉睡·梦魇丛生》

弗朗西斯科·戈雅

蚀刻版画，15.2 cm × 21.8 cm，1799 年

私人收藏

Salammbô

Alfons Mucha

Lithograph of the Character from Gustave Flaubert's Romance, 21.5 cm × 39 cm, 1896

《萨朗波》

阿尔方斯·慕夏

福楼拜的小说人物的石版绘画，21.5 cm × 39 cm，1896 年

Circe and the Companions of Ulysses

Parmigianino

Pen, pencil, wash, white, paper, 23 cm × 27.9 cm, c.1527

Galleria degli Uffizi

《喀耳刻和尤利西斯的同伴们》

帕米贾尼诺

钢笔、铅笔、纸，23 cm × 27.9 cm，约 1527 年

意大利乌菲齐美术馆

Sappho sings for Homer

Charles Nicolas Rafael Lafond

Oil on canvas, 65.5 cm × 81.5 cm, 1824

《萨福为荷马歌唱》

查尔斯·尼克拉斯·拉法尔·拉方

布面油画，65.5 cm × 81.5 cm，1824 年

Homer Reciting his Verse to the Greeks

Jacques Louis David

Chalk, pen, ink, paper, 272 cm × 345 cm,1794

Musée du Louvre

《荷马向希腊人朗诵诗句》

雅克·路易·大卫

粉笔、钢笔、墨水、纸本，272 cm × 345 cm，1794 年

法国巴黎卢浮宫博物馆

he Hunchback Of Notre–Dame

Luc–Olivier

Merson Illustration from Alfred Barbou's Victor

Hugo et son temps, 1881

《圣母院的驼背人》

吕克－奥利维尔·默森

为阿尔弗雷德·巴尔博的《维克多·雨果及其时代》

绘制的插画，1881 年

Siegfried and the Daughters of Rhine

Henri Fantin-Latour

Lithography, c.1880

The Cleveland Museum of Art

《齐格弗里德和莱茵河的女儿们》

亨利·方丹·拉图尔

石板版画，约 1880 年

美国克利夫兰艺术博物馆

Le Docteur Fautus

Rembrandt van Rijn

Etching prints, 16 cm × 21 cm, 1652

Het Rijksmuseum Amsterdam

《浮士德》

伦勃朗·凡·莱因

蚀刻版画，16 cm × 21 cm，1652 年

荷兰阿姆斯特丹皇家博物馆

Sunrise with Sea Monsters

William Turner

Oil on canvas, 91.4 cm × 121.9 cm, 1845

Tate Britain

《日出与海怪》

威廉·透纳

布面油画，91.4 cm × 121.9 cm，1845 年

英国泰特美术馆

Les Orientales

Jean Alfred Gérard–Séguin

Illustration for Victor Hugo's Les Orientales, 1853–1854

《东方人》

让·戈哈尔德-赛金

为维克多·雨果的《东方诗集》绘制的插图，1853—1854 年

Napoleon in Jena,"the world spirit on horseback"[1]

Image from Harper's Magazine, 1895.

拿破仑在耶拿，"马背上的世界精神"

《哈珀杂志》（美国），1895 年

1.1806 年，法军在拿破仑的统治下占领了耶拿，黑格尔被迫离开此地。但是，作为法国
   大革命的仰慕者，黑格尔选择亲眼见证拿破仑进驻城市的时刻，在图片中与这位"马背
   上的世界精神"擦肩而过。在耶拿战争的前一天，黑格尔给友人的信中说道："我见到
   了皇帝——这个世界的精神——骑出城侦查。见到这样一个人，实在是美妙的感觉，他
   集中于此一点，骑着一匹马，伸展至世界各地，并拥有它们……这位卓绝之人，让人无
   法不去爱慕。"——译者注

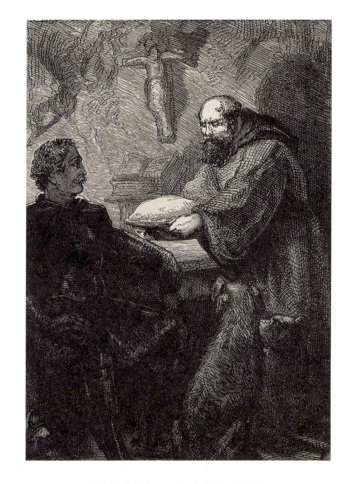

Le Noir Faineant in the Hermit's Cell

J. Cooper, Sr

llustration from Walter Scott's works Ivanhoe,

edition 1886

《查理一世在修士的小室》

J. 库伯

为瓦尔特·司各脱的小说《艾凡赫》绘制的插图

1886 年版本

Raumgruppe in Interlaken

Jakob Ludwig Felix Mendelssohn Bartholdy

Drawing，1842

《因特拉肯的树丛》

雅科布·路德维希·费利克斯·门德尔松·巴托尔迪

纸本绘画，1842 年

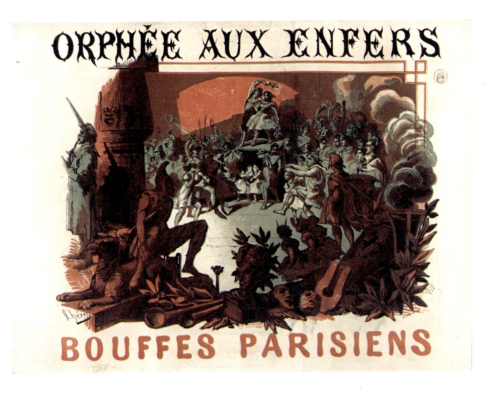

Orphée aux enfers

Jules Chéret

Une affiche crée pour musique de J. Offenbach, Bouffes Parisiens, 1866

Bibliothèque nationale de France

《地狱中的奥菲欧》

于尔·谢列特

奥芬巴赫于 Bouffes Parisiens 剧院上演轻歌剧的平版印刷招贴画，1866 年

法国国家图书馆

The family of the Satyr

Albrecht Dürer

Engraving, 70 cm × 115 cm, 1505

《萨提尔的家庭》

阿尔弗雷德·丢勒

版画，70 cm × 115 cm，1505 年

Planet

Victor Hugo

Pen and Wash, 29 cm × 21cm, c. 1866

Bibliothèque Nationale de France

《星球》

维克多·雨果

钢笔水洗，29cm×21cm，约1866年

法国国家图书馆

The Wagnerites

Aubrey Beardsley

Illustration, c.1872–1898

《瓦格纳迷》

奥布里・比亚兹莱

插图，约 1872—1898 年

Illustration livre Quatre Vingt Treize

Inconnu

Page de garde de l'édition 1874 du livre Quatre Vingt Treize de Victor Hugo

《九三年》

作者不详

为维克多·雨果的长篇小说《九三年》绘制的页面插图，1874 年

Faust and Mephishtopheles

Notman Little

Illustration for Faust And Marguerite: The World's romances, Thomas Nelson and Sons, London. 1910

《浮士德与墨菲斯托》

诺曼·利特尔

为《浮士德与玛格丽特》绘制的插图，1910 年

Siegfried leaves Brünnhilde in search of adventure

Arthur Rackham

the image stems from Richard Wagner's Siegfried and the Twilight of the Gods, 1911

《齐格弗里德离开伯伦希尔德寻求冒险》

亚瑟·拉克姆

为理查德·瓦格纳的连篇乐剧《尼伯龙根的指环》

《齐格弗里德》与《诸神的黄昏》绘制的插图，1911 年

Valhalla on fire

the final scene from Richard Wagner's en Götterdämmerung

designed by Max Brückner in Coburg for the Bayreuth Festival Theater,

and printed by Otto Henning, 1894.

《大火之中的瓦尔哈拉殿堂》

理查德·瓦格纳的歌剧《诸神的黄昏》最后一幕

麦克斯·布吕克内

在科堡为拜罗伊特节日剧院所设计并由奥托·海宁印刷，1894 年

Ginkgo Biloba

Poem by Johann Wolfgang von Goethe , 1815

《银杏》

约翰·沃尔夫冈·冯·歌德的诗歌手稿，1815 年

Count Almaviva and Susanna

Mozart's opera Le Nozze di Figaro, Act Ⅲ

Johann Heinrich Ramberg

Etching prints, 1786

《阿尔马维瓦伯爵与苏珊娜》

莫扎特的歌剧《费加罗的婚礼》第三幕

约翰·海因里希·拉姆贝格

蚀刻版画，1786 年

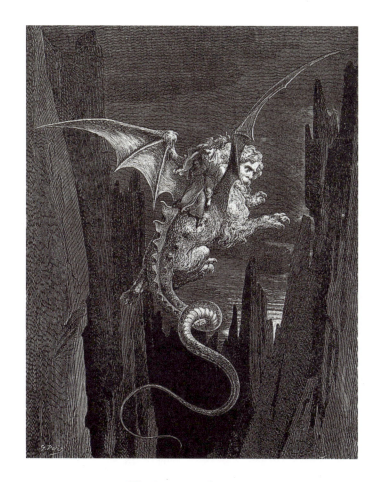

The Descent on the Moster

Gustave Doré

Illustrations of Dante's Divine Comedy, c.1855–1861

《骑乘革律翁降落》

古斯塔夫·多雷

为但丁《神曲》创作的插画，约 1855—1861 年

The Apotheosis of Homer

Jean Auguste Dominique Ingres

Oil on canvas, 386 cm × 515 cm, 1827

Le Musée du Louvre

《荷马的礼赞》

让·奥古斯特·多米尼克·安格尔

布面油画，386 cm × 515 cm，1827 年

法国巴黎卢浮宫博物馆

The Toilet of Venus

Peter Paul Rubens

Oil on canvas, 124 cm × 98 cm , 1612–1615

Fürstlich Lichtensteinische Gemäldegalerie

《维纳斯对镜梳妆》

彼得·保罗·鲁本斯

布面油画，124 cm×98 cm，1612—1615 年

奥地利维也纳列支敦士登亲王国画廊

St. John in the Wilderness （*Bacchus*）

Leonardo Da Vinci

Oil on panel transferred to canvas, 177 cm × 115 cm, 1510–1515

Musée du Louvre

《旷野中的圣约翰》

列奥纳多·达芬奇

板面油画，177 cm × 115 cm，1510—1515 年

法国巴黎卢浮宫博物馆

Oberon, Titania and Puck with Fairies Dancing

From Shakespeare's A Midsummer Night's Dream

William Blake

Watercolor and graphite on paper, 47.5 cm × 67.5 cm, 1786

Tate Britain

《奥伯龙、泰坦尼亚和帕克与舞蹈的仙女们》

来源于莎士比亚的喜剧作品《仲夏夜之梦》

威廉·布莱克

纸上石墨水彩，47.5 cm × 67.5 cm，1786 年

英国泰特美术馆

Prospero and Miranda form "The Tempest" of William Shakespeare

William Hogarth

Oil on canvas, 101.5 cm × 80 cm, c.1728

Private collection

《普罗斯佩罗和米兰达》，出自莎士比亚的戏嚧《暴风雨》

威廉·霍加斯

布面油画，101.5 cm × 80 cm，约 1728 年

私人收藏

The Rage of Achilles

Giovanni Battista Tiepolo

Fresco, 300 cm × 300 cm, 1757

Villa Valmarana, Vicenza

《阿喀琉斯的愤怒》

乔凡尼·巴蒂斯塔·提埃坡罗

壁画，300 cm × 300 cm，1757 年

意大利维琴察瓦尔马拉纳别墅

Dante meets Beatrice at Ponte Santa Trinità

Henry Holiday

Oil on canvas, 140 cm × 199 cm, 1883

Musuem of liverpool

《但丁在圣三一桥边遇见贝雅特丽齐》

亨利·霍里迪

布面油画，140 cm × 199 cm，1883 年

英格兰利物浦艺术博物馆

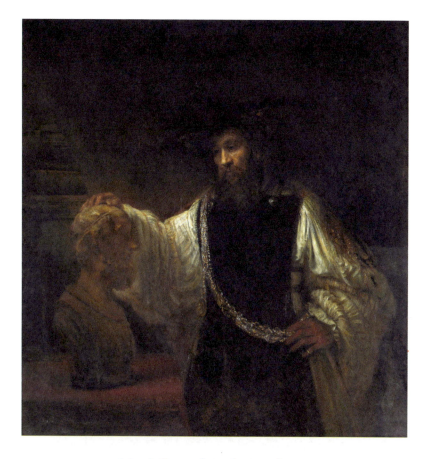

Aristotle Contemplating the Bust of Homer

Rembrandt van Rijn

Oil on canvas, 43.5 cm × 136.5 cm, 1653

the Metropolitan Museum of Art

《亚里士多德与荷马的半身塑像》

伦勃朗·莱因

布面油画，143.5 cm × 136.5 cm，1653 年

美国大都会艺术博物馆

Beatrice and Virgil Gustave Doré

Illustrations of Dante's Divine Comedy, c.1855-1861

《贝亚特丽齐与维吉尔》

古斯塔夫·多雷

为但丁《神曲》创作的插画，约 1855—1861 年

Hamlet, Horatio, Marcellus, the Ghost, on platform before the Palace of Elsinor

Johann Heinrich Füssli,

Shakespeare's Hamlet, Prince of Denmark, Act Ⅰ, Scene Ⅳ, 1796

《哈姆雷特、霍拉修、马塞勒斯和鬼魂，在艾辛诺尔堡前面的平台上》

约翰·海因里希·富塞利

莎士比亚的悲剧作品《哈姆雷特——丹麦王子》，第一幕，第四场，1796 年

图书在版编目（CIP）数据

尼采：作为艺术的强力意志／（德）弗里德里希·威廉·尼采著；郭硕博译. -- 重庆：重庆大学出版社，2019.9

ISBN 978-7-5689-0302-8

Ⅰ.①尼… Ⅱ.①弗… ②郭… Ⅲ.①尼采

（Nietzsche, Friedrich Wilhelm 1844—1900）—艺术哲学—哲学思想—研究 Ⅳ.①B516.47②J0-02

中国版本图书馆CIP数据核字(2016)第309024号

尼采：作为艺术的强力意志
NICAI ZUOWEI YISHU DE QIANGLI YIZHI

[德] 弗里德里希·威廉·尼采　著

郭硕博　译

策划编辑：张菱芷

责任编辑：李桂英　　　　　书籍设计：鲁明静

责任校对：张红梅　　　　　责任印制：张　策

....

重庆大学出版社出版发行

出版人：饶帮华

社　　址：重庆市沙坪坝区大学城西路21号

邮　　编：401331

电　　话：（023）88617190　88617185（中小学）

传　　真：（023）88617186　88617166

网　　址：http://www.cqup.com.cn

邮　　箱：fxk@cqup.com.cn（营销中心）

全国新华书店经销

北京利丰雅高长城印刷有限公司印刷

....

开本：720mm×1020mm　1/16　印张：12.5　字数：310千

2019年11月第1版　　2019年11月第1次印刷

ISBN 978-7-5689-0302-8　定价：68.00元

....